OBSERVATIONS

SUR

LA PHILOSOPHIE DE L'HISTOIRE

ET

LE DICTIONNAIRE PHILOSOPHIQUE;

AVEC

DES RÉPONSES A PLUSIEURS DIFFICULTÉS:

Par M. l'Abbé FRANÇOIS.

TOME SECOND,

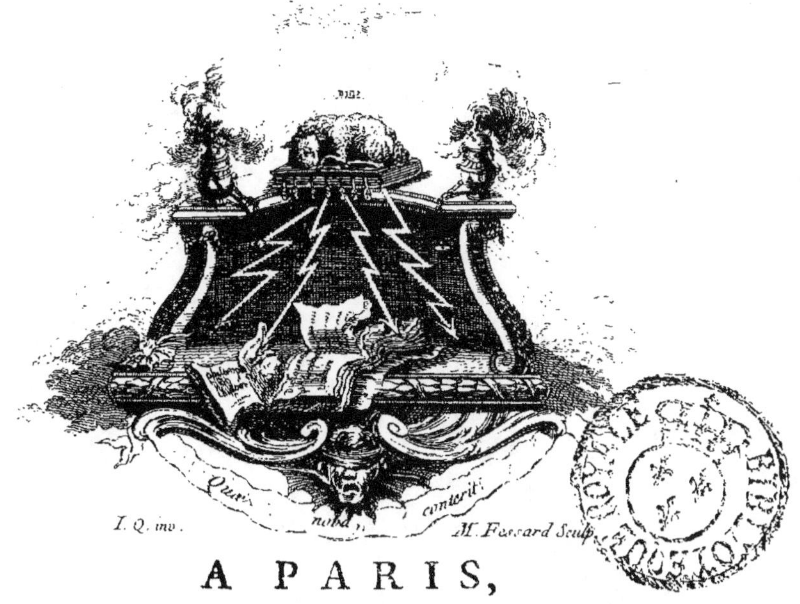

A PARIS,

Chez PILLOT, Libraire, rue S. Jacques, à la Providence.

A ROUEN, chez les Freres LE BOUCHER, rue Ganterie.

M. DCC. LXX.

AVEC APPROBATION, ET PRIVILEGE DU ROI.

OBSERVATIONS

SUR

LE DICTIONNAIRE

PHILOSOPHIQUE PORTATIF.

L E *Dictionnaire Philosophique Portatif*, est de la même fabrique que la *Philosophie de l'Histoire*. Il n'est gueres possible d'en douter: on y voit le même dessein, les mêmes chicanes, le même style. Il n'y a qu'un même Auteur qui puisse se copier si servilement. Il n'y a d'ailleurs qu'une voix sur ce sujet. Le nom de feu l'Abbé Bazin qui est à la tête de la *Philosophie de l'Histoire* n'en a imposé à personne. Le Public y a reconnu le Fabricateur du *Dictionnaire Philosophique*. Nous avons cru néanmoins que cet Écrivain attaquant la Religion Juive dans la *Philosophie de l'Histoire*, l'ordre exigeoit que nous commençassions nos *Observations* sur cet Ouvrage, avant d'en

II. Partie.   A

venir au *Dictionnaire*. Il se présentoit deux avantages à suivre cet ordre. Premièrement, la Religion Juive servant de préparation à la Chrétienne, c'étoit défendre cette derniere attaquée plus ouvertement dans le *Dictionnaire*. Secondement, la plûpart des articles du *Dictionnaire* n'étant qu'une répétition des Chapitres de la *Philosophie de l'Histoire*; c'étoit abréger extrêmement notre travail. Pour épargner même au Lecteur tant de rédites ennuyeuses, nous évitons de lui mettre devant les yeux les textes de l'Auteur, toutes les fois que nous pouvons présumer qu'il entendra notre réponse à ses chicanes. Cependant nous n'en laissons aucune sans réponse, comme il lui sera aisé de le vérifier, s'il a cette misérable rapsodie entre les mains. Nous terminerons nos Observations sur cet Ouvrage par la discution de quelques difficultés qui nous ont été proposées. Entrons en matiere.

I.

Abraham.

Cet article est le même que le Chapitre XVI de la *Philosophie de l'Histoire*, si l'on excepte qu'on borne ici la célébrité du nom de ce Patriarche; qu'on l'y accuse de mensonge dans son voyage en Égypte, & chez Abimélech, parce qu'il prie Sara de ne pas se déclarer pour sa femme, mais de se dire sa sœur; enfin qu'on y ajoute les contes des Rabbins

au fujet de la profeffion de Tharé ; de même
que des réflexions affez petites fur la différence des defcendans du faint Patriarche par
Ifmaël & par Jacob ; différence qu'on fait confifter en ce que la race d'Ifmaël fut plus favorifée de Dieu que celle de Jacob , cette
derniere n'ayant conquis qu'un très-petit pays
qu'elle a perdu, au lieu que la premiere a
conquis une partie de l'Afie, de l'Europe &
de l'Afrique.

La Religion véritable eft le bien le plus
précieux de l'homme. Abraham & fes Defcendants par Jacob furent choifis pour être
les Dépofitaires de ce grand bien & pour
nous le tranfmettre. Comment donc ofe-t-on
mettre ici en parallele Abraham avec un
Thaut, un Zoroaftre, un Hercule, un Or-
phée, un Odin ? Comment ofe-t-on avancer
que la race de Jacob fut moins favorifée du
Ciel que celle d'Ifmaël ? La connoiffance de
la véritable Religion n'eft-elle pas infiniment
plus eftimable aux yeux d'une raifon faine ,
que la conquête du monde entier ? Comment
ofe-t-on accufer de menfonge Abraham dans
les deux occafions que l'on cite ? Abraham ne
pourroit être excufé de menfonge, s'il prioit
Sara de nier qu'elle fût fa femme , ou même
de dire qu'elle ne fût feulement que fa fœur ;
eft-ce là ce qu'il exige d'elle ? Il lui demande
fimplement qu'elle fe dife fa fœur, c'eft-à-dire,
fa proche parente, ainfi qu'elle l'étoit effectivement, étant la fille de fon frere, fans fe
dire fa femme : c'étoit la prier de dire une

verité & d'en taire une autre. Où est donc ici le mensonge? Est-ce mentir que de dire une vérité sans en dire une autre?

Le saint Patriarche dans les deux occasions dont il s'agit, ne montre pas moins de prudence que de Foi. Il se voyoit exposé à deux dangers inévitables, à celui de perdre la vie, s'il passoit pour l'époux de Sara, & à celui que courroit Sara de perdre l'honneur, si elle ne passoit que pour sa sœur. La prudence lui offre une ressource contre le premier danger, c'est de ne pas se donner pour l'époux de Sara : il use de cette ressource sans attendre un miracle de la Providence: la prudence ne lui en offre aucune pour sauver l'honneur de Sara ; il s'abandonne alors à la Providence comme à l'unique moyen que sa Foi lui suggere, & il ne doute en aucune sorte qu'elle ne vienne à son secours.

I I.

Ame.

Nous avons vû au Chapitre IV de la *Philosophie de l'Histoire* la noble origine qu'on assigne à l'Ame, & sa distinction d'avec le corps. On pose ici les fondements de cette origine : notre Philosophe débute ainsi. « Que ce seroit » une belle chose de voir son ame ! Nous ap- » pellons, dit-il, *Ame* ce qui anime ; nous n'en » savons gueres davantage.» Il badine ensuite sur les termes de végétation des plantes, des forces motrices des corps , de l'inftinct des animaux , fur divers noms que les anciens Philofophes donnoient à l'Être penfant , & fur les diverfes images fous lefquelles ils fe le figuroient; il combat l'immatérialité de l'Être penfant , en prétendant que la matiere a des qualités, qui ne font ni matérielles , ni divifibles. Il cite en exemple la gravitation, ou cette tendance de la matiere vers un centre , la force motrice , la végétation des corps organifés , leur vie , leur inftinct; d'où il conclut qu'on n'a aucune preuve de l'Ame , finon que comme d'un pouvoir de fentir & de penfer. Il revient au badinage fur la pluralité des Ames admifes par les anciens Grecs; il ajoute que l'ame animale n'étant que le mouvement des organes , on ne peut être affuré que l'Ame penfante foit quelque chofe de plus.

Les divers fyftêmes des Anciens fur la nature de l'Ame , de même que ceux des autres Philofophes tant modernes qu'anciens fur le temps de la création de l'Ame , & fur la place qu'elle occupe dans le corps humain, donnent lieu à de nouvelles plaifanteries. Il n'oublie pas fur ce fujet les expreffions des Ecoles péripatéticiennes , ni tout ce qu'on a dit fur la maniere dont l'Ame fentira , quand elle aura quitté fon corps.

On ne peut refufer à l'Auteur de cet article une imagination agréable : mais il ne s'y montre gueres Philofophe en débutant que ce feroit une belle chofe de voir fon ame : la voir feroit-ce la connoître , auffi bien qu'elle

fe connoît elle-même par le fens intime qu'elle
a de fa propre exiftence? Se connoître ainfi,
c'eft, fi on peut ufer de ce terme, fe voir
par le dédans: au lieu qu'en fe voyant, elle
ne verroit que fon image, comme l'œil ne fe
voit pas lui-même, & qu'il ne voit que fon
image.

Eft-ce être Philofophe que d'entendre par
Ame ce qui anime? Un Philofophe ne juge
pas de fon Ame par fon corps. Il lui eft impoffible de douter qu'il n'y ait en lui un Être
qui a le fens intime de fa propre exiftence,
qui connoît, qui juge, qui veut, qui eft toujours le même fous l'enfemble ou fous la fucceffion de fes penfées & de fes fenfations dont
fon corps peut être l'objet, mais non le fujet. Voilà ce qu'entend un Philofophe par
l'Ame. Notre Auteur peut s'égayer à fon aife
fur toutes les diverfes opinions des Anciens &
des Modernes au fujet de l'Ame: mais il en
réfultera toujours que tous ces Écrivains n'ont
jamais confondu l'Ame avec le corps.

Non certes, la végétation des corps organifés, la force motrice des corps, l'inftinct
des animaux, ne font pas des Êtres diftin-
gués de ces différents corps; ce font, comme
il le remarque lui-même, les organes & les
parties de ces mêmes corps, mues de telle
ou telle maniere felon les Loix efficaces du
fouverain Moteur. C'eft dans ces Loix que
réfide la caufe de toutes ces diverfes qualités
attribuées à la matiere; puifque toutes fe ré-
duifent au mouvement qui ne fauroit être

l'effet que d'un souverain Moteur, & jamais de la matiere indifférente par elle - même au repos comme au mouvement.

Il est étonnant que cet Écrivain donne ces qualités attribuées à la matiere pour des qualités immatérielles & indivifibles ; afin de conclure qu'il ne s'enfuit point du tout que l'Ame soit immatérielle, parce que fes penfées, fes connoiffances par exemple, fes jugements, &c. n'ont ni parties, ni divifibilité. Comment ne voit-il pas que ces termes généraux, végétation, force motrice, gravitation, inftinct ne font que des termes fous lefquels notre efprit renferme tout ce qu'il conçoit dans les corps, & dans le jeu de leurs organes ou de leur mouvement. Il n'eft donc pas étonnant, que ces qualités exprimées ainfi en général & extraites, pour ainfi dire, des corps, & réunies fous de fimples termes paroiffent immatérielles & indivifibles : mais cette immatérialité & cette indivifibilité difparoiffent dans le moment qu'on les raproche des corps d'où elles avoient été comme extraites ; puifque ce font les corps mêmes. Au contraire plus on raproche de l'Ame fes perceptions & fes diverfes opérations, plus elles paroiffent immatérielles & indivifibles, parce qu'elles appartiennent à un Être qui ayant le fens intime de fa propre exiftence, de fa diftinction de tout autre Être, de fon identité, eft néceffairement fimple & fans parties.

En effet, raprochez le terme de végétation des végétaux, quelle perception voulez-vous exprimer, si ce n'est une multitude de perceptions, d'une foule de diverses parties de la matiere qui concourrent à l'accroissement & à l'entretien des végétaux, des sucs nourriciers par exemple, des vaisseaux propres à recevoir ces sucs, des vaisseaux propres à les faire monter & à les distribuer dans la plante, de tant d'autres vaisseaux où ils se filtrent, pour servir de nourriture aux fleurs, aux fruits? &c. Quel autre Être qu'un Être simple & actif peut réunir les perceptions de tant d'organes sous un seul terme? Un Être composé seroit-il capable d'une telle opération? Les verroit-il ces images hors de lui-même, si elles étoient divisées en diverses parties du cerveau? Et pourroit-il les voir en lui-même, s'il n'étoit pas un lui-même, & s'il étoit un amas de diverses parties? Il en est de même de ces autres termes, force motrice, gravitation, mouvement. Le terme de force motrice n'est qu'un terme confus pour exprimer ce sentiment de resistance qu'éprouve notre Ame, en appliquant son propre corps à faire changer de place un autre corps. Le terme de mouvement n'exprime encore que la perception d'un corps changeant successivement de position d'un lieu dans un autre. Celui de gravitation emporte la même perception d'un corps vers un autre que nous regardons comme le centre. Un Philosophe apperçoit dans tout cela une action immatérielle & indivisible, qui est non pas l'action de ces corps, mais l'action du souverain Moteur des corps.

Quelle différence donc entre les opérations de l'Ame & ces qualités des corps? Ces qualités sont aussi divisibles que les corps mêmes : au lieu que rien de plus simple en soi que les opérations de l'Ame, & que l'Ame elle-même.

Rien encore de moins philosophique que d'avancer qu'on n'a point d'autre idée de l'Ame que comme d'un pouvoir de sentir & de penser. Est-ce qu'un Être qui n'auroit pas le sentiment de sa propre existence, seroit capable de sentir & de penser ? La sensation ne se sent pas elle-même ; le plaisir, par exemple, ne se plaît pas à lui-même ; la douleur ne se déplaît pas à elle - même. C'est donc un Être qui se sent lui-même, qui peut être capable de recevoir une sensation, & qui n'est pas une simple capacité, un pouvoir de recevoir.

Notre Philosophe ne paroît gueres avoir réfléchi sur son Ame. Il semble que, selon lui, ce ne soit qu'un mot. Il dédaigne de définir les termes qu'il emploie, il les confond même avec les idées. Il confond encore plus grossierement l'action de Dieu sur les corps avec les effets qu'elle y produit. Nous ne le suivrons pas dans toutes les questions qu'il propose sur le temps de la création de l'Ame, de son union au corps, de l'état dans lequel elle se trouve après qu'elle a quitté le corps, & de l'état dans lequel se trouvera le corps après la Résurrection générale. Nous nous contenterons de répondre que l'Ame recevant l'existence pour être unie à un corps, elle est créée quand elle lui est unie : qu'elle est unie au corps, quand celui ci eft capable de fociété ; qu'à la rupture de cette fociété, l'Ame eft jugée fur le bien & fur le mal qu'elle a fait durant la fociété : enfin qu'à la Réfurrection générale, la fociété recommencera pour ne plus finir.

Ce n'eft pas ici le lieu de traiter plus amplement ces queftions. Celle qui a pour objet des jambes coupées, doit paroître peu embarraffante à un Philofophe qui eft perfuadé que le germe primitif conftitue le corps humain, & qu'aucune partie de ce germe n'entre jamais dans la compofition d'un autre corps.

Comme l'Auteur ne fait que répéter ici les réproches qu'il a fait à Moïfe dans les chapitres XXV & XL de la *Philofophie de l'Hiftoire* fur l'ame & fur fon immortalité ; de même que ce qu'il a dit ch. XLII fur les Sectes qui s'introduifirent chez les Juifs après Alexandre à l'imitation des Grecs , nous renvoyons à nos *Obfervations* fur ce chapitre. Nous accordons bien volontiers à notre Philofophe, que c'eft à Jéfus-Chrift Notre-Seigneur que nous devons les idées les plus claires de l'Ame fpirituelle & immortelle ; de même que de fa deftination à une vie future où elle fera punie ou recompenfée éternellement, fuivant le mauvais ou le bon ufage qu'elle aura fait d'elle-même durant fon union à un corps : mais il ne viendra jamais à bout de prouver que les idées de la diftinction de l'Ame d'avec le Corps & de fon immortalité n'ayent été univerfellement les idées de toutes les Nations.

I I I.

Amitié.

Notre Philosophe définit l'Amitié, un contrat tacite entre deux personnes sensibles & vertueuses. Cela est très-bien : mais dans ses principes, quelle force & quelle constance peut avoir ce contrat tacite entre deux personnes? Il ne donne point d'autre fondement à la vertu, que l'amour propre : or rien de moins constant que l'amour propre : il n'a en vue que son propre intérêt qui peut varier à chaque instant ; par conséquent faire abandonner la vertu, par conséquent dissoudre le contrat. D'où il suit qu'un Moine étant susceptible d'une vertu plus pure qu'une prétendue vertu fondée sur l'amour propre, est susceptible d'A-mitié.

I V.

Amour.

Peut-on encore conserver quelque sentiment de pudeur, & ne pas rougir pour notre Philosophe en voyant l'image qu'il présente de l'Amour, cette passion funeste, source de tant de crimes? Sa prédilection si marquée pour l'opinion de la Métempsycose (chap. XVII de la *Philosophie de l'Histoire*), étoit pour nous une énigme. N'en seroit-ce point ici la clef? Il se proposoit, sans doute, de flatter ses vertueux Partiſans de l'eſpérance qu'un jour leur Ame paſſeroit dans quelqu'animal, ou elle pourroit aſſouvir ſes deſirs brutaux. Il eſpere, ſans doute, ce ſaint homme, un ſi grand bien pour lui-même, comme une recompenſe due à ſes travaux contre Dieu, contre l'Homme, contre la Religion.

V.

Amour ſocratique.

Le ſeul titre de cet article réveille la plus affreuſe idée des horreurs du Genre-humain. Qu'étoit-ce donc que ces anciens Sages ſi vantés que Dieu abandonnoit à de telles horreurs : *parce que l'ayant connu*, dit ſaint Paul, *ils retenoient cette grande vérité dans l'injuſtice ; qu'ils ne le glorifioient & ne lui rendoient pas graces*, &c. Sur cet article voyez le *Supplément à la Philoſophie de l'Hiſtoire.*

Rom. 1. 18. 21.

V I.

Amour propre.

L'Amour propre eſt, ſans doute, l'amour de notre conſervation; & à le conſidérer préciſément ſous ce point de vue, il n'eſt pas vicieux; mais cette notion n'eſt pas exacte. Il faut ajouter que l'Amour propre eſt l'amour de notre conſervation ſans égard aux devoirs: voilà ce qui en fait le déréglement. L'Amour propre eſt l'amour de ſoi comme de ſa fin,

qui fe rapporte tout, & qui veut tout s'affujettir. Un tel amour eft injufte, & à l'é-
gard de Dieu, & à l'égard du prochain ; à
l'égard de Dieu, parce qu'il lui dérobe le titre
de fin derniere ; à l'égard du prochain, parce
qu'il le dépouille de fon égalité.

V I I.

Ange.

Cet article des Anges eft une répétition
des Chapitres XXIX & XLVIII de la *Philofophie de l'Hiftoire.*

V I I I.

Anthropophages.

Qu'il y ait eu des hommes qui en aient
mangé d'autres, nous n'en doutons pas. Étoit-
ce par goût ou par haine de leurs ennemis ?
C'eft une autre queftion. Que la fuperftition
ait immolé aux Dieux des victimes humaines,
cela n'eft pas douteux. Mais accufer Moïfe
d'avoir prefcrit de telles victimes, c'eft le calomnier. Il eft vrai qu'il établit deux fortes
de vœux faits au Seigneur, des vœux dont
l'objet peut être racheté, & des vœux dont
l'objet doit être détruit : mais quand l'objet
d'un vœu de ce dernier genre, eft un homme
ou une femme doit-il être détruit réellement,
& non fimplement civilement, c'eft-à-dire,

être confacré de telle maniere au fervice du Tabernacle, qu'il ne puiffe être racheté ? Non-feulement rien n'empêche d'entendre dans ce dernier fens le verfet 29. du Chapitre XXVII du Lévitique : mais on ne fauroit l'entendre autrement fans mettre Moïfe en contradiction avec lui-même ; car il ne défend rien plus expreffément aux Juifs que d'immoler à Dieu leurs fils & leurs filles, à l'imitation des autres Nations. S'il voue à l'anathême ces Nations criminelles, ce n'eft plus certainement comme un facrifice qu'il prétend offrir au Seigneur ; c'eft comme un fupplice dû à des criminels indignes de la vie. S'il fait la menace à fon Peuple violateur de fes Loix d'être réduit par la famine à l'horrible extrêmité de manger leurs propres enfants, menace qui eut fon effet dans Samarie fous Joram fils d'Achab Roi d'Ifrael, de même que dans le dernier fiége de Jérufalem par les Romains ; y a-t-il de l'équité à conclure de-là que les Juifs étoient un Peuple d'Anthropophages ? Eft-ce eux que Dieu invite dans Ezéchiel, chap. XXXIX, à fe nourrir de la chair des chevaux & des cavaliers des ennemis contre lefquels il leur promet une victoire entiere ? C'eft aux oifeaux, aux bêtes de la terre qu'il prépare ce feftin.

I X.

Apis.

« Il est à croire, dit-il en parlant du bœuf Apis,
» que les fanatiques voyoient dans ce bœuf un
» Dieu, que les Sages n'y voyoient qu'un sim-
» ple symbole, & que le sot Peuple adoroit le
» bœuf ».

Cela peut être : mais les sages n'observoient-
ils pas le cérémonial gardé par les fanatiques
& par le sot Peuple ? Par conséquent n'auto-
risoient-ils & n'entretenoient-ils pas les fanatiques & le sot Peuple dans leur superstition ?
Voyez sur le reste de cet article le Chapitre
XIX *des Egyptiens* dans nos *Observations* sur
la *Philosophie de l'Histoire.*

X.

Apocalypse.

Ce que notre Philosophe avance sur l'A-
pocalypse est une rédite du Chapitre XXI
de la *Philosophie de l'Histoire.* On peut con-
sulter sur l'autenticité & la canonicité de l'A-
pocalyse Dom Calmet dans sa Préface sur
ce Livre. C'est de-là que notre Philosophe tire
sa prétendue érudition en la brodant à son
ordinaire. Le savant Bénédictin après avoir
rendu raison du silence ou de l'opposition de
quelques Anciens au sujet de ce Livre, & de
son Auteur, met sous les yeux du Lecteur
une foule de témoignages des Peres qui l'at-

tribuent à saint Jean ; & il termine ses preuves en disant que ce Livre porte lui-même tous les caractères de Divinité qu'on peut désirer dans la pureté & dans l'excellence de sa Doctrine, & dans les Prophéties sur l'état futur de l'Eglise, Prophéties dont la plûpart ont été déja pleinement vérifiées par l'événement.

XI.

Athée, Athéisme.

L'accusation la plus atroce qu'on puisse former contre un homme, est l'accusation d'Athéisme. Les preuves les plus évidentes ne sont point ici de trop. En a-t-on de ce genre, au sujet de quelques Peuples qu'on dit être privés de toute idée de la Divinité ? On ne nous le persuadera jamais, qu'en supposant que ces Peuples sont entiérement destitués de la Raison. Il est en effet démontré aujourd'hui qu'il n'est aucune Nation sur la terre connue qui n'ait quelque idée plus ou moins dégagée d'erreur de l'Être suprême auteur de l'Univers.

Nous avons vu dans la *Philosophie de l'Histoire*, Chapitre XVIII *des Chinois*, ce que dit ici notre Philosophe à l'occasion du paradoxe de Bayle sur la possibilité d'une société d'Athée. Nous ne pouvons convenir que de vrais Savants puissent devenir Athées, parce qu'ils ne peuvent comprendre la création, l'origine du mal, &c. Il nous paroît plus vraisemblable que ces prétendus Savants sont, ou des

hommes

hommes à imagination, ou des hommes vicieux. Un homme dominé par son imagination ne peut se persuader la réalité d'un
objet qu'il ne voit pas, ou du moins qu'il
ne peut se représenter sous quelque image.
De-là l'opposition de quelques prétendus Philosophes à reconnoître en eux un Être pensant distingué du corps: de-là en d'autres la
manie non de confondre l'Ame avec leur corps;
mais de se la représenter comme une figure légere, un feu, l'éther : mais comme il
est impossible de se représenter le Fabricateur
du monde sous aucune forme, ni par les sens
ni par l'imagination, on peut venir à en nier
l'existence. (Voyez les *Observations* sur le Ch.
XLVII. de la *Philosophie de l'Histoire* N. VI) Il est
encore plus vraisemblable qu'on tombe dans cet
abîme, parce qu'on ne peut concilier l'existence
d'un tel Être avec ses penchants déréglés: car
on ne peut admettre un Dieu, & sécouer en
même temps l'idée effrayante d'une justice
infinie & toute - puissante, qui ne sauroit
approuver les désordres, ni ne l s pas punir. Comment se délivrer d'une te e terreur,
si ce n'est en travaillant à se persuader qu'il
n'y a point de Dieu ? Le parti est extravagant ; mais un cœur vicieux ne raisonne pas.
Les vrais Savants connoissent trop les bornes
de l'intelligence humaine, pour nier une vérité
aussi claire que l'existence d'un Dieu, parce que
cette vérité est liée à d'autres vérités obscures,
telle, par exemple, que l'origine du mal.

Quel homme pensant pourroit dévorer les

II. Partie.   B

abſurdités & les contradictions qu'il y auroit à imaginer la matiere éternelle, ſe mouvant & s'arrangeant elle-même, formant tous les corps dont l'Univers eſt l'aſſemblage, penſant & ſentant dans les corps organiſés, à proportion du petit ou du grand nombre des ſens qu'elle leur diſtribue; en ſorte que commençant par le plus petit infecte une chaîne infinie de corps munis de ſens, on doive remonter de corps en corps organiſés plus penſants & plus ſentants juſqu'à un corps muni de ſens innombrables & parfaits. Tel paroît néanmoins être le ſyſtême extravagant de la ſecte des nouveaux Philoſophes.

X I I.

Baptême.

Qu'a de commun le Baptême des Chrétiens avec les purifications uſitées dans le Paganiſme? Ces purifications pouvoient bien laver les corps; mais quel effet pouvoient-elles avoir au-delà? Au lieu que par le Baptême, Jéſus-Chriſt ſon inſtituteur agit ſur l'Ame, y répand l'amour de Dieu, y rétablit par conſéquent l'ordre avec lequel elle étoit en oppoſition par ſon amour pour les biens créés.

X I I I.

Beau , Beauté.

La Beauté n'est point quelque chose de rélatif aux yeux d'une raison saine , supérieure aux préjugés de l'éducation & à la tyrannie de l'opinion. L'agréable proportion de toutes les parties avec leur tout , lui fera toujours trouver beau un corps. Le vrai décent, bien présenté lui paroîtra toujours beau dans un ouvrage d'esprit. L'amour de l'Ordre, c'est-à-dire, l'amour des objets selon qu'ils sont en eux-mêmes & selon le rapport qu'ils ont entre eux & avec nous, lui paroîtra toujours beau en Morale.

X I V.

Bétes.

Les Bêtes font un grand nombre de mouvements qui sont une imitation de ceux qui nous sont propres : mais il faudroit quelque chose de plus que ces mouvements pour prouver qu'ils sont des effets de quelque connoissance, de quelque sentiment, d'une certaine mesure d'idées, ou même qu'ils en sont accompagnés. Combien de mouvements semblables arrivent en nous, sans être accompagnés d'aucun sentiment, d'aucune connoissance, d'aucune idée, sans en être par conséquent des suites & des effets? Ces mouvements font purement machinaux, une fuite de l'impreffion des objets fur nos organes. Un Philofophe ne peut donc pas conclure qu'il y ait dans les Bêtes de la connoiffance & du fentiment, ni de leurs mouvements induftrieux, ni des habitudes qu'elles contractent d'exercer certains mouvements en conféquence des leçons que nous leur donnons, ni des fignes que nous remarquons en elles de nos paffions. Tout cela fuppofe bien évidemment une fcience admirable dans leur Fabricateur : mais tout cela peut n'être qu'un jeu de ces refforts infinis dont il a compofé ces machines. Ce n'eft pas par ces mouvements que nous fommes certains de nos connoiffances & de nos fentiments ; c'eft par le fens intime que nous fommes certains, & que nous avons des connoiffances & des fentiments fans exercer ces mouvements, & que nous en exerçons en conféquence de nos connoiffances & de nos fentiments, & que nous pourrions avoir les mêmes connoiffances & les mêmes fentiments, quoique nous fuffions dans l'impuiffance d'exercer ces mouvements. Nous fentons, par exemple, que le retranchement de nos jambes & de nos bras ne retrancheroit rien à notre faculté de penfer. Un Philofophe, s'il eft fage, doit donc avouer que la nature des Bêtes lui eft inconnue. Il eft conftant qu'il devroit faire le même aveu par rapport à la nature des hommes avec lefquels il vit, s'il n'avoit point d'autres preuves de leur reffemblance avec lui que les mouvements qui fe paffent dans les animaux: mais ce fentiment, de leur liberté, ces idées du jufte & de l'injufte, cette fenfibilité pour la beauté de l'Ordre, cette adhéfion inébranlable à la vérité une fois connue; tant d'autres preuves qu'ils donnent dans l'enfance même, ne permettent pas à un Philofophe de douter que fa nature ne leur foit commune.

X V.

Bien, fouverain Bien.

Nous voulons être heureux, l'être conftamment, l'être toujours, l'être fans bornes. Ce defir fait partie de notre nature, comme le fens intime que nous avons de notre propre exiftence. La poffeffion de quelque Bien que ce puiffe être fur la terre, bien loin d'appaifer ce defir, ne fert qu'à l'irriter; la queftion donc, s'il eft un fouverain Bien fur la terre, eft abfurde. Mais il ne feroit pas moins abfurde de penfer que ce defir invincible du bonheur que nous avons reçu du Créateur, ne fauroit avoir d'objet. Nulle queftion donc plus ferieufe & plus digne d'un Philofophe que celle-ci : Eft-il un Bien fouverain pour l'homme ? Admettez un Dieu; & vous avez la folution. Lui feul eft le fouverain Bien; il a fait l'homme pour lui; & l'homme ne peut être heureux que par fon union éternelle à ce Bien ineffable. La vertu qui n'eft certainement pas fans un fentiment qui délecte, peut feule le conduire à cette union. Elle commence dès

cette vie, cette union, par un amour propor-
tionné à la connoissance que nous y avons
de Dieu ; & elle sera consommée dans l'autre par la claire vision de la suprême vérité
& du souverain Bien.

X V I.

Tout est bien.

Tout est bien, disent des Philosophes : d'où
vient donc demandent d'autres Philosophes,
cette foule de maux, soit physiques, soit moraux qui écrasent le Genre-humain ? Dieu,
répondent quelques-uns des premiers, ne pouvoit rien faire de mieux pour nous : entre
tous les mondes possibles, il a choisi le meilleur. D'autres ont recours à deux principes,
l'un bon, l'autre mauvais. D'autres disent
que le mêlange des contrariétés de l'Univers
en fait la beauté ; & que s'il y a des maux
particuliers, ils composent le bien général.

Notre Philosophe rejette toutes ces réponses, & en fait sentir le frivole. Il ne paroît
gueres plus goûter le péché originel que nous
donnons pour la cause de nos maux. « La
» chûte de l'homme, dit-il, est l'emplâtre que
» nous mettons à toutes les maladies du corps
» & de l'ame ».

Cependant la chûte du premier homme paroît être le système le moins répugnant à la
raison : tous les autres paroissent évidemment
inconciliables avec la puissance & la liberté de

Dieu, de même qu'avec la liberté de l'homme. Le système chrétien suppose le premier homme créé dans l'innocence, connoissant & aimant son Créateur, heureux par conséquent, & pouvant l'être toujours, s'il est toujours reconnoissant & soumis ; mais menacé des plus affreuses miseres, s'il cesse de l'être; cessant effectivement d'être reconnoissant & soumis par l'abus le plus manifeste de sa liberté, devenant malheureux en voulant être indépendant, faisant des malheureux en faisant des enfants qui ne peuvent être meilleurs que lui. N'est-ce là qu'un emplâtre à nos maladies? Ce système présente un Dieu bienfaisant dans la création de l'homme innocent; un Dieu bienfaisant dans le don de la liberté qu'il fait à l'homme pour mériter la continuation de ses bienfaits; un Dieu juste dans le précepte qu'il lui impose, pour lui faire sentir sa dépendance; un Dieu juste dans la menace qu'il lui fait de le punir s'il désobéit; un Dieu juste dans la punition de l'homme désobéissant; un Dieu enfin bon & juste tout-à-la-fois dans la promesse qu'il fait à l'homme de lui donner un Réparateur. Nous le demandons encore une fois. N'est-ce-là qu'un emplâtre aux maladies de nos corps & de nos esprits ?

Chercher le mal moral hors d'une volonté capable d'aimer l'Ordre, c'est folie : car le mal moral, ou n'est qu'un mot vuide de sens, ou il consiste dans la violation de l'Ordre qui prescrit à tout être créé intelligent, de chercher son bonheur dans son Créateur comme dans ſon vrai bien , qui ſeul peut le rendre heureux; de ne s'aimer donc lui-même que pour cette fin ; d'aimer donc ſes ſemblables capables du même bien pour cette fin ; quant aux êtres incapables de ce bonheur, d'en uſer ſans les aimer. Or poſé l'Ordre violé par l'homme, il n'y a plus de difficulté dans les maux physiques; Tout eſt bien à cet égard. L'Homme chargé de faire ſervir l'Univers par ſa reconnoiſſance & par ſon amour à la gloire du Créateur, vient-il à troubler cet ordre en s'établiſſant lui-même ſa propre fin & celle de l'Univers ; c'eſt-à-dire s'aime-t-il lui-même, au lieu du Créateur, comme ſa fin ? N'aime-t-il ſes ſemblables que pour lui - même ? Veut-il jouir des êtres dont il ne lui eſt permis que d'uſer ? Il eſt juſte dès-là même qu'il ſoit puni , & que la ſuprême Juſtice faſſe ſervir à le châtier l'Univers, dont il défigure la beauté.

L'unique difficulté qui ſubſiſte donc ici, eſt de concevoir comment le Créateur pouvant empêcher le déſordre du premier homme, cette ſource de nos miſeres, a pu ne le pas vouloir: car, dit-on, s'il l'a pu & qu'il ne l'ait pas voulu , c'eſt méchanceté.

Nous demandons à notre tour, ſi le Créateur pour ne pas paroître méchant a dû faire à l'homme tout le bien qu'il pouvoit ? Si l'on répond qu'il n'y étoit pas obligé , la queſtion tombe d'elle-même. Si on répond qu'il y étoit obligé , la réponſe eſt abſurde. C'eſt dépouiller le Créateur de ſa liberté; car certainement Dieu n'eſt pas libre de ne pas faire ce qu'il doit faire; il faudroit donc non-seulement que le Créateur ne fût pas libre, mais qu'il eût fait l'homme sans liberté en le rendant incapable de décheoir de l'amour de l'ordre : systême mille fois plus absurde que le péché originel.

Il nous semble qu'on n'est choqué du plan actuel de l'Univers, que parce qu'on ne le compare qu'avec quelques attributs de Dieu : au lieu qu'il semble qu'en le comparant avec tous ses attributs, la raison ne peut s'empêcher de l'admirer. Elle admire sa Puissance dans la création de cet édifice immense : elle admire sa Sagesse dans la conspiration de ses parties pour la conservation du tout : elle admire sa Grandeur dans la magnificence de cet édifice : elle admire sa Bonté dans la formation de l'homme, qu'elle établit comme le centre de son ouvrage par les proportions qu'il met entre lui & tous les corps, afin qu'il leur serve comme de voix & de Pontife, en louant sans cesse leur Auteur, en l'aimant, & en lui rendant de continuelles actions de graces à leur place : elle admire également sa Bonté & sa Justice dans la destination de l'homme à une fin si auguste : elle admire encore sa Bonté & sa Justice dans le don de la liberté fait à l'homme, pour le mettre en état de mériter un accroissement de bonheur par sa fidélité à remplir la fin de son être : elle admire son Indépendance des hommages de l'homme dans le don même qu'il lui fait de la liberté : elle admire sa Grandeur & sa Justice dans la défense qu'elle lui fait de manger un certain fruit, pour lui faire fentir fa dépendance : elle admire fa Sainteté & fa Juftice dans la menace qui lui eft faite des plus affreufes miferes, s'il défobéit : elle admire fa Sainteté & fa Juftice dans l'exécution de la menace à l'égard de l'homme défobéiffant : elle admire fa Bonté & fa Juftice dans les miferes mêmes dont il punit fa défobéiffance par la promeffe d'un Libérateur, qui lui rendra falutaire fes miferes mêmes , & qui lui en obtiendra la ceffation : elle admire fa Fidélité & fa Véracité à perpétuer cette promeffe, à préparer l'Univers à fon accompliffement, enfin à l'accomplir dans les temps arrétés par fa Sageffe.

Quelques plans de mondes qu'on imagine, on ne concevra jamais que fi le fouverain Être daigne fortir de lui-même pour former un monde, il n'y faffe éclater tous fes attributs. Pourquoi, en effet, y en feroit-il éclater les uns plutôt que les autres ? Pourquoi donc la Raifon feroit-elle choquée du plan actuel que le fouverain Être a fuivi, où elle découvre tant d'attributs dont elle a des idées claires ? Ce qu'elle conçoit aifément, c'eft qu'elle ne conçoit aucun plan de mondes, où le fouverain Être pût fe donner un Adorateur plus grand que celui qu'il s'eft donné dans le plan actuel de l'Univers ; ni qu'il pût fe donner des créatures intelligentes capables de lui rendre un culte plus parfait, que celui que lui rendent fes Élus par leur union à Jéfus-Chrift, Dieu & Homme.

On dira peut-être que le plan actuel de

l'Univers seroit admirable, s'il ne périssoit aucun des descendants du premier homme en conséquence de la promesse du Libérateur qui lui fut faite après sa chûte: mais qu'il est petit le nombre de ceux qui participent à cette réparation! Voilà la difficulté qu'il n'est pas aisé de concilier avec la Bonté du Créateur. Sans doute la difficulté est grande. Mais cette Bonté est libre: elle est par conséquent maîtresse de ses dons. Ce n'est qu'en abusant des bienfaits du Créateur que l'homme ingrat arrête sa bienfaisance, & qu'en voulant se souftraire à l'empire de la Bonté, il tombe sous l'empire de sa Justice. Adorons Dieu dans sa conduite sur le Genre-humain; & ne soyons pas assez audacieux pour vouloir sonder sa Bonté & sa Justice: notre raison est trop bornée pour être la mesure de l'infini.

Si vous reconnoissez un Dieu Créateur, il n'y a que deux suppositions qu'il vous soit possible de faire au sujet de votre difficulté. L'une, que le premier homme ait été créé dans l'état où nous naissons tous, c'est-à-dire, dénué de l'amour du Créateur, n'aimant que lui-même & les biens sensibles, assujetti à toutes sortes de miséres & à la mort, composé, pour ainsi dire, d'un mélange de bien & de mal, d'estime pour la vertu & d'attrait pour le vice, d'avidité pour la vérité & d'asservissement à l'erreur, d'un desir invincible d'être heureux & de l'impossibilité de trouver son bonheur dans aucun des objets où il le cherche soit en lui - même, soit hors de lui-même. L'autre suppofition eft que le premier homme créé avec la connoiffance & l'amour du Créateur, heureux par conféquent & immortel, pouvant toujours l'être s'il eft toujours fidéle à conferver de fi précieux avantages, renonce à ces avantages par l'abus de fa liberté, en préférant l'amour de foi-même & des biens fenfibles à l'amour de fon Créateur, devenant par conféquent criminel & enveloppant dans fon crime toute fa poftérité qui ne peut être meilleure que lui.

Si la premiere fuppofition vous paroît conciliable avec la Bonté de Dieu, quelle difficulté pouvez-vous appercevoir dans la feconde? Dès-là que vous croyez que Dieu fans déroger à fa Bonté a pu créer le premier homme & tous fes enfants dans l'état malheureux où nous naiffons tous, & que cet état foit, non la punition de quelque crime de notre premier Pere, mais l'appanage de notre nature, de même que de la fienne; vous devez convenir en conféquence que Dieu fans déroger à fa Bonté, peut nous conferver éternellement dans cet état où il nous a créés, c'eft-à-dire, dans cet état de privation de la connoiffance & de l'amour de lui-même, de même que de la privation des biens fenfibles dont la mort nous dépouille néceffairement; qu'il peut par conféquent nous conferver éternellement malheureux: car défirer & aimer éternellement des biens dont on fe voit éternellement privé, n'eft-ce pas être éternellement malheureux?

Si cette premiere supposition vous plaît, revenons à notre demande. Quelle difficulté pouvez - vous appercevoir dans la seconde ? C'est-à-dire, que Dieu sans déroger à sa bonté, ait pu ne pas empêcher, que l'homme abusât de sa liberté, qu'il perdit l'innocence, & qu'il devint ainsi malheureux lui & toute sa postérité ? De votre aveu dans la premiere supposition, l'homme n'a aucun droit par sa nature à un autre état que celui dans lequel nous naissons aujourd'hui, état qui non-seulement peut subsister durant la vie présente, mais encore durant l'éternité ; l'homme devenu criminel auroit-il plus de droit au bonheur que l'homme dans son état naturel ? Si les enfants de ce pere criminel héritent de son crime, peuvent-ils avoir plus de droit que leur pere aux bienfaits de la même souveraine Bonté ? Or posé la vérité du récit de Moïse au sujet de la chûte d'Adam & d'Eve peut-on ne pas regarder leurs enfants comme infectés de leur crime ? Toutes les traces du crime de ces deux premiers coupables se trouvent dans tous les hommes : l'aversion de la Loi de Dieu, un amour immense pour la liberté & pour une entiere indépendance, un amour propre qui s'établit le centre & la fin de tout, un desir de s'assujettir tous leurs semblables, l'intérêt personnel pour unique regle, l'inclination pour les seuls biens visibles, la sensibilité pour la seule gloire humaine, la constance dans leur vertu toujours fondée sur des motifs étrangers à la vertu.

De tels sentiments, principes des plus grands crimes, ne peuvent être innocents; &, dès qu'ils sont injustes, Dieu ne peut en être l'Auteur. Pourquoi donc pourroit-il être contraire à la souveraine Bonté, de choisir entre les hommes ceux qu'il lui plaît pour les mettre au nombre des Élus, & pour lui être unis éternellement. Adorons Dieu dans le plan de sa conduite sur les hommes; s'il sauve les uns, ce n'est que par grace : s'il laisse périr les autres, c'est par justice.

Il doit paroître singulier que la seconde supposition ait aujourd'hui moins de partisans que la premiere, & que pour ne faire de Dieu qu'un Être bon, on n'en fasse qu'un Être qui crée des malheureux : au lieu que dans la seconde supposition la Bonté de Dieu & sa Justice éclatent également; sa Bonté envers des criminels auxquels elle rend l'innocence & la sainteté par l'inspiration de sa connoissance & de son amour, pour se les unir éternellement; sa Justice envers des criminels qu'elle abandonne à leur injustice, & qu'elle exclut pour toujours du bonheur de lui être unis par sa connoissance & par son amour.

X V I I.

Bornes de l'esprit humain.

Dans cet article des Bornes de l'esprit humain, l'Auteur ne se propose que de rendre ridicule un Docteur en Théologie en lui faisant plusieurs questions dont il pourroit igno-

rer la folution, & néanmoins être un Docteur très-digne de ce nom ; parce que la fcience d'un Docteur confifte moins à connoître
la nature, qu'à bien connoître la Religion. Ainfi
les plaifanteries de l'Auteur ne montrent pas
toute la juftefie qu'on pourroit fouhaiter. Nous
avons vu l'article de l'Ame : nous verrons bientôt celui de la Matiere qui font les principaux
fujets des queftions propofées au Docteur.

X V I I I.

Caractere.

Il n'eft pas facile de changer le Caractere
que nous apportons en naiffant : mais la Religion & la Morale, non-feulement y peuvent
mettre un frein, comme l'avoue notre Auteur :
mais en preffant l'homme de le combattre,
elles peuvent tellement l'affoiblir, que fi elles
ne le font pas difparoître entiérement, elles
en arrêtent les effets qui leur feroient contraires.

X I X.

Certain, Certitude.

La Certitude des vérités, qui nous vient des
idées, n'eft pas du même genre que la Certitude fondée fur le fentiment intérieur. La Certitude qui nous vient du témoignage des fens,
eft encore d'un autre genre que les deux pre-

mieres. Enfin il y a une Certitude fondée fur le témoignage des hommes qui différe encore des précédentes. Toutes ces Certitudes malgré leur différence agiffent avec une force fur l'ame, quand la raifon n'a aucun motif de douter, c'eft-à-dire quand on fent intérieurement, qu'on abuferoit de fa liberté en voulant fufpendre encore fon jugement au fujet d'une vérité fondée clairement, ou fur des idées diftinctes, ou fur le rapport des fens, ou fur le témoignage des hommes. C'eft l'évidence alors qui détermine; car qu'eft-ce que l'évidence, finon le fentiment intérieur que nous avons de la vérité des chofes? De plus, c'eft le même motif qui eft alors le fondement de notre acquiefcement; favóir la Véracité de Dieu même qui nous donne & les idées pour juger des vérités intellectuelles, & le rapport des fens pour juger des objets fenfibles & préfents, & le témoignage des hommes pour juger des faits anciens ou éloignés.

Pour ne parler que de ces deux derniers genres de Certitude: vous voyez un objet fenfible; il eft à votre portée; vos yeux font en bon état; vous pouvez le toucher: êtes-vous moins certain de fon exiftence que de la vérité d'une propofition fondée fur vos idées? Des hommes éclairés, en qui vous ne pouvez foupçonner aucun intérêt de vous tromper, qu'il vous feroit extrêmement facile de convaincre de menfonge, s'ils en étoient capables, vous rapportent un événement fenfible & public, dont ils ont été témoins; êtes-vous

moins

moins certain de cet événement que si vous l'aviez vu de vos yeux?

L'exemple cité contre ce dernier genre de Certitude porte à faux, parce que cet homme qui atteste l'âge de Christophe sur son extrait baptistaire qui a été falsifié, va au-delà du témoignage de ses sens : il étoit bien certain d'avoir vu l'extrait baptistaire de Christophe ; mais avoit-il vu que cet extrait n'avoit point été falsifié ? Pour n'être point dans l'erreur, cet homme ne devoit se dire certain que de ce qu'il avoit vu.

Le second exemple ne prouve certainement pas que les hommes, avant Copernic, fussent dans l'erreur en se disant certains qu'ils avoient vu le soleil commencer à leur apparoître à telle heure, & qu'au bout d'un certain période, ils avoient cessé de le voir. Conclure delà que le soleil se mouvoit autour de la terre, c'étoit aller au-delà du rapport de leurs sens : parce que les Phénomenes doivent paroître les mêmes, soit que la terre se meuve autour du soleil, soit que cet astre se meuve autour de la terre. C'est encore en allant au-delà du rapport des sens qu'il est arrivé souvent de se tromper sur les sortileges, les divinations, les obsessions. On pouvoit être certain par les sens des effets sensibles : mais la cause de ces effets n'étoit pas du ressort des sens.

Il importe peu pour admettre, ou pour rejetter le témoignage des hommes au sujet d'un fait, que ce fait soit moralement possible, ou qu'il ne le foit pas, fi l'un & l'autre peuvent être également vérifiés. La réfurrection d'un mort, par exemple, peut être auffi facilement vérifiée que tout autre fait moralement poffible. Il ne s'agit que de s'affurer de la mort d'un homme & enfuite de fa vie ; car il eft bien évident qu'un mort ne peut vivre enfuite, s'il n'eft reffufcité. Or eft-il plus difficile de conftater la mort d'un homme & fa vie, que tout autre fait moralement poffible ? Marthe & Marie fœurs de Lazare pouvoient être auffi affurées de la réfurrection de leur frere, que de tout autre événement dont les fens font juges. Il leur fuffifoit d'être pleinement affurées qu'elles l'avoient vu mort, enfeveli, mis dans un fépulchre, exhâlant une odeur cadavéreufe, & qu'elles le voyoient vivant, mangeant, buvant, converfant avec elles : car il eft clair qu'étant vivant après avoir été mort, il étoit reffufcité. Des Juifs affez ennemis du fens commun pour recufer leur témoignage, à caufe que l'événement qu'elles atteftoient n'étoit pas moralement poffible, ne leur auroient paru dignes que de compaffion.

X X.

Chaîne des événements.

Que tous les événements paffés & futurs foient prévus & ordonnés par le Créateur; cela n'eft pas douteux. Mais que tous les événements paffés & futurs foient enchaînés les uns aux autres par une Fatalité invincible, ce n'eft qu'un fantôme d'une imagination échauffée. Il y a des Êtres libres dans le monde : donc une chaîne fatale & néceffaire des événements n'eft qu'une chimere. Le mouvement même progreffif des corps s'évanouiroit bientôt, s'il n'étoit entretenu & reparé par le fouverain Architecte de l'Univers : car un corps en mouvement n'en meut un autre qu'en lui communiquant une partie de fon mouvement : celui-ci perd à fon tour une partie du mouvement qui lui a été communiqué par la communication qu'il en fait à un autre : il en eft de ce troifieme comme des deux premiers par rapport au quatrieme. Ainfi après un petit nombre de communications du mouvement d'un corps à d'autres, le repos doit fuccéder néceffairement au mouvement.

X X I.

Chaîne des Êtres créés.

Autre chimere que la Chaîne des Êtres créés, c'eft-à-dire une gradation du plus petit atôme jufqu'à l'Être fuprême, comme s'il pouvoit y avoir quelque proximité entre l'Être infiniment parfait & des Êtres finis & imparfaits. Une diftance infinie les fépare néceffairement. Le fini quelque augmentation qu'il reçoive, refte toujours infiniment au-deffous de l'infini. Cette Chaîne des Êtres, de même que la Chaîne des événements, ne peut trouver place que dans la tête d'un Poëte matérialifte.

XXII.

Le Ciel des Anciens.

Les Anciens n'étoient pas de grands Astro-nomes; & il faut avouer qu'il y a bien de la puérilité dans le séjour qu'ils assignoient à leurs Dieux. S'ensuit-il delà qu'on ne peut donner le nom de *Ciel* à cette espace immense où nous appercevons le soleil, les étoiles; & qu'au-delà de cette espace, il n'y en ait pas encore d'autres plus immenses destinés à recevoir un jour les corps des Élus, & où celui de Jésus-Christ leur chef réside actuel-lement. Notre Écrivain nous répéte ici ce qu'il a déja dit sur la Physique de Moïse dans la *Philosophie de l'Histoire*, chap. XLVII.

XXIII.

Circoncision.

La Circoncision & plusieurs autres prati-ques du Peuple Juif étoient en usage en Égyp-te du temps d'Herodote Écrivain postérieur à Moïse de près de mille ans. Donc les Juifs avoient emprunté des Égyptiens la Circonci-sion & leurs autres pratiques: la conséquence n'est-elle pas bien admirable? Notre Philoso-phe raisonne ici comme dans la *Philosophie de l'Histoire*, chap. XXII.

XXIV.

Corps.

Un Efprit eft ce qui a le fens intime de fa propre exiftence & de fon identité, quelque changement qu'il arrive aux modes qui lui font propres. De même un Corps eft ce qui eft étendu, quelque changement qui puiffe arriver aux modes qui lui font propres. Avancer donc ou que nous ne favons ce que c'eft qu'un Efprit, ni ce que c'eft qu'un Corps, ou qu'il n'y a que des Corps, ou qu'il n'y a que des Efprits, c'eft avancer des paradoxes également abfurdes.

Mais, difent les Partifans du premier & du dernier paradoxe, nous ignorons ce que c'eft que cette fubftance, ce fujet de nos perceptions, & de nos fenfations, &c. dans ce qu'on appelle *Efprit.* Nous ignorons de même ce que c'eft que cette fubftance, ce fujet des mouvements des figures dans ce qu'on appelle *Corps.*

Vous l'ignorez parce qu'il vous plaît de l'ignorer. Que peut-on en effet entendre par *Subftance*, finon ce qui demeure toujours le même, quelques modes qui lui arrivent, & quelque changement qui arrive à fes modes? Or cet Être qui a en nous le fens intime de fa propre exiftence, a celui de fon identité, fous l'enfemble auffi bien que fous la fucceffion de fes diverfes modifications. L'Être étendu demeure également toujours le même, foit qu'il soit mû, soit qu'il soit en repos, soit qu'il ait telle figure, ou qu'il en change.

Qu'appellera-t-on substance, si on refuse ce nom à l'Esprit & au Corps ? Chercher un fondement au dernier paradoxe, en ce que les couleurs, les odeurs, les saveurs, les sons, &c. n'appartiennent pas au Corps, mais à l'Esprit, est-ce raisonner ? Certes l'étendue n'est pas une sensation ; c'est un composé de parties qui sont autant de substances ; or l'esprit n'est pas un composé de parties. De même les figures dont l'étendue est susceptible, ne sont pas des combinaisons de sensations ; il n'en est donc pas de l'étendue comme des qualités sensibles à l'égard de l'Esprit.

X X V.

De la Chine.

Notre Philosophe dans l'article des Chinois, quelque prévenu qu'il soit en leur faveur, ne fait que répéter ce qu'il nous a dit dans la *Philosophie de l'Histoire*, chap. XVIII.

X X V I.

Catéchisme Chinois.

Nous souhaitons que le Catéchisme qu'on nous donne sous le nom des Chinois, soit réellement celui des personnes sensées chez ce Peuple. Mais nous souhaiterions qu'il fût plus exact; qu'on y reconnût, par exemple, que l'intelligence entre dans l'idée de l'Être par foi : qu'on ne fit pas confifter fon immenfité dans une préfence locale ; qu'on développât l'idée qu'on attache à ce terme, *Jufte* , pour plaire à l'Etre éternel ; que les objections du Difciple contre l'ame & fon immortalité, (objections les mêmes que celles des articles de l'*Ame*,& des *Bétes*) fuffent réfolues avec plus de force; qu'on ne ventât pas la fimplicité du culte Chinois; qu'on n'y préchât pas la tolérance de toutes les Religions; qu'on ne s'élevât pas contre le célibat embraffé par choix , par inclination, pour fe donner tout entier à l'étude de la fageffe & à la pratique de la vertu ; enfin qu'on ne fit pas de Dieu un Être felon fon caprice, c'eft-à-dire un Être, qui étant le Dieu de tous les hommes, leur fit à tous les mêmes biens; en forte que fes bienfaits fuffent communs à tous fans aucune diftinction , ni entre ceux qui le connoiffent & ceux qui l'ignorent, ni entre ceux qui l'adorent comme leur Dieu, & ceux qui proftituent leur culte à d'autres Divinités, en un mot ni entre ceux qu'il fauve en leur infpirant l'amour de la vertu, & ceux qu'il damne en permettant qu'ils fe livrent au vice. Combien d'autres défauts ne mériteroient pas d'être relevés? Qu'eft-ce que ce Catéchifme des Chinois, près du Catéchifme des Chrétiens?

XXVII.

Catéchiſme du Japonois.

Celui du Japonois eſt un jargon énigmatique, que nous nous gardons bien d'approfondir. En attendant que l'Auteur s'explique, nous le laiſſerons ſe complaire dans la cuiſine Japonoiſe.

XXVIII.

Catéchiſme du Curé.

Dans le Catéchiſme du Curé on eſt d'abord édifié de la ſatisfaction que marque le Curé de n'avoir qu'une petite Paroiſſe, parce que, dit-il, il n'a qu'une portion limitée d'intelligence & d'activité. Mais peut-on être édifié du goût qu'il fait paroître pour le mariage? Eſt-ce bien ſentir tout le poids de ſes devoirs que de les croire compatibles avec l'attirail d'un ménage, avec les égards pour une femme, avec les ſoins que demandent l'éducation & l'entretien d'une nombreuſe famille? Un homme ſincérement pénétré des bornes de ſon intelligence & de ſon activité, ne ſe le perſuadera jamais.

On eſt encore moins édifié en voyant ce Curé déterminé à ne prêcher à ſon petit troupeau que la Morale. Ce n'eſt plus en faire des Chrétiens. Il faut montrer le principe & la fin de la Morale chrétienne ; par conſéquent prêcher les dogmes & de la Trinité, & de l'Incarnation, & de la Rédemption ; par conséquent la nécessité, la gratuité & l'efficacité des secours que nous a mérités Jésus-Christ notre Sauveur & notre Seigneur. Sans la connoissance de ces grandes vérités, on ne sauroit être Chrétien, ni remplir les devoirs de la Morale comme il faut les remplir pour plaire à Dieu.

Il ne s'agit pas dans la confession d'apprendre des sotises aux pénitents : mais quel personnage y peut jouer notre Curé qui ne veut aucun détail ? Ce ne sera certainement pas ni celui de Juge, ni celui de Médecin. Un Juge ne peut ici prononcer que sur les crimes déclarés & avoués par le coupable. Un Médecin ne peut prescrire des remedes qu'aux maladies qui lui sont découvertes.

On est encore moins édifié de l'idée qu'à ce Curé des Spectacles & des Comédiens. Est-ce bien se connoître en vertu & en bienséance que de donner les Spectacles pour des écoles de vertu & de bienséance ? Est-ce bien se connoître en vie chrétienne que de donner pour innocente celle des Comédiens, employée presque toute entiere à amuser le Public & à le corrompre ?

L'yvrognerie & ses suites funestes font des maux qu'on ne peut assez déplorer : mais ne peut-on les prévenir, qu'en dispensant l'homme de consacrer un jour de la semaine aux louanges de l'Auteur de tous les biens, à la méditation de sa Loi, & aux exercices de piété & de charité.

S'il n'y avoit des difputes dans l'Eglife que fur des opinions qui n'ont aucun trait ni au Dogme, ni à la Morale, ni à la Difcipline de l'Eglife, l'indifférence de notre Curé pour ces fortes de difputes, feroit tolérable: mais où en feroit notre Religion, non-feulement par rapport aux Dogmes, mais encore par rapport à la vertu fi fouvent attaquée dans tous les temps par des hommes préfomptueux & corrompus, fi tous les Pafteurs de l'Eglife avoient reffemblé & reffembloient encore à notre Curé? Le Catéchifme dù Curé n'eft donc que le Catéchifme d'un Déifte tel qu'étoit le fameux Curé d'Etrépigny.

X X I X.

CHRISTIANISME.

Recherches hiftoriques fur le Chriftianifme.

A la place de ce titre faftueux, il falloit mettre *Objections furannées contre le Chriftianifme.* En vain notre Philofophe voudroit cacher fa haine contre la Religion: il eft aifé d'y reconnoître l'Auteur du *Catéchifme de l'honnête homme* prétendu. Il n'y a d'ailleurs que cette paffion qui foit capable de ramener fans ceffe des difficultés fi rebatues, fans faire aucune mention des réponfes qu'on y a faites.

Il n'eft nullement démontré que Jofeph ne parle point de Jéfus Chrift, & que le paffage où il en fait l'éloge foit interpolé. Voici ce

paſſage. « En ce même temps étoit Jéſus,
» qui étoit un homme ſage, ſi toutefois on
» doit le conſidérer ſimplement comme un
» homme, tant ſes œuvres étoient admirables.
» Il enſeignoit ceux qui prenoient plaiſir à être
» inſtruits de la vérité, & il fut ſuivi non-
» ſeulement de pluſieurs Juifs, mais de plu-
» ſieurs Gentils. C'étoit le Chriſt. Des prin-
» cipaux de notre Nation l'ayant accuſé de-
» vant Pilate, il le fit crucifier. Ceux qui l'a-
» voient aimé durant ſa vie, ne l'abandon-
» nerent pas après ſa mort. Il leur apparut
» vivant & reſſuſcité le troiſieme jour, com-
» me les ſaints Prophetes l'avoient prédit, &
» qu'il feroit pluſieurs autres miracles. C'eſt
» de lui que les Chrétiens, que nous voyons
» encore aujourd'hui, ont tiré leur nom ».

S'il eſt des Critiques qui penſent que ce paſſage ne ſoit pas de Joſeph, il en eſt qui le
lui donnent. Nous ne répéterons pas les réflexions que nous avons fait autrefois ſur
ce ſujet. Mais quand on ſuppoſeroit l'interpo-
lation de ce paſſage; qu'en pourroit-on conclure
contre la vérité de l'Hiſtoire du Sauveur?

Ce qu'il y a de certain c'eſt que Joſeph n'a
pu ignorer que de ſon temps, il y avoit un
nombre prodigieux de Chrétiens répandus
dans tout l'Empire: Tacite & Suétone ne permettent pas d'en douter : donc s'il eſt vrai
que Joſeph n'ait parlé ni des Chrétiens, ni
de leur Chef, il eſt évident que ſon ſilence,
eſt, ou le ſilence d'un ennemi qui prend le
parti de ſe taire, parce que d'un côté, il

hait en Pharisien Jésus-Christ, & que de l'autre il n'ose compromettre sa réputation en déguisant les faits; ou le silence d'un politique qui, ayant poussé la flatterie à l'égard de Vespasien, jusqu'à lui appliquer des oracles dont Jésus-Christ seul étoit l'objet, ne pouvoit reconnoître celui-ci pour le Messie prédit par les Prophetes, sans se couvrir de confusion, & sans se perdre dans l'esprit de Vespasien; ou enfin le silence d'un homme timide & circonspect, amoureux de son repos, qui craignoit, en disant la vérité, de soulever contre lui le corps de la Nation Juive, la meurtriere de Jésus-Christ & la persécutrice de ses Disciples. Quoi qu'il en soit, s'il est vrai que Joseph n'ait parlé ni de Jésus-Christ, ni de ses Disciples; bien loin qu'il s'ensuive quelque conséquence contre la vérité, soit des Evangiles, soit des Épîtres des Apôtres, il s'enfuit, au contraire, une preuve manifeste en faveur de leur vérité : car si la vérité des faits contenus dans ces ouvrages eût pu être contredite, un Joseph eut-il gardé le silence? N'eut-il pas traité d'imposture l'Histoire du Sauveur? Il saute aux yeux, que cette derniere réflexion a lieu par rapport à tous ces anciens Écrivains ennemis du Christianisme.

Joseph, ajoute-t-on, dans la vie d'Herode ne parle point du massacre des enfants de Bethléem ordonné par ce Prince cruel. Mais Macrobe en parle dans ses Saturnales. Il est d'ailleurs assez peu surprenant que Joseph ne faisant dans la vie d'Herode que copier Nicolas de Damas le Panégyrifte de ce Prince , n'y ait pas trouvé un fait fi déshonorant à la mémoire de fon Héros. Jofeph, dit-on encore, ne parle point de l'apparition de l'étoile à la naiſſance de Jéſus - Chriſt. Mais Chalcidius philoſophe Platonicien en parle. Jofeph garde le filence fur les ténébres qui couvrirent la terre à la mort de Jéſus-Chriſt. Mais Plégon affranchi de l'Empereur Adrien en parle. Au reſte ce Jofeph qu'on nous donne ici pour Hiſtorien eſtimé des Romains & des Grecs, nous a été dépeint avec des couleurs bien différentes dans la *Philoſophie de l'Hiſtoire*, Chap. XLV & XLVI. N'y auroit - il que le filence de Jofeph qui , felon notre adverſaire , méritât quelqu'attention.

Il eſt furprenant, dit-on, que l'Empereur Tibere n'ait pas été inſtruit de tant de prodiges par le Gouverneur de la Judée. Mais n'eſt-il pas plus furprenant encore qu'on affecte de taire ici la rélation de tous ces prodiges envoyée par Ponce Pilate à Tibere ? Saint Juſtin & Tertullien étoient bien aſſurés d'un fait de cette importance, puiſqu'ils renvoyoient leurs adverſaires aux regiſtres publics fur ce fait. Et quand nous n'aurions point tous ces fecours étrangers pour nous aſſurer de la vérité de l'Hiſtoire du Sauveur ; devroit-elle nous paroître douteuſe, cette Hiſtoire conſignée dans les quatre Évangiles, & de plus atteſtée par le fuccès de la prédication des Apôtres? L'autenticité & la vérité des livres du Nouveau Teſtamet doivent paſſer pour démontrées dans

Voyez *Examen des faits qui servent de fondement à la Religion Chrétienne.* I. Part. chap. VIII & suiv. Tom. II.

l'examen que nous avons fait des objections de M. Freret sur ce sujet.

Qui a dit à notre Philosophe que Joïada ne portoit pas le nom de Barachie, & que dans la menace faite par le Sauveur aux Pharisiens, il ne s'agisse pas de son fils Zacharie tué par l'ordre de Joas. Qui empêche d'ailleurs de prendre le discours de Jésus-Christ pour une prédiction de la cruauté des Zélateurs pendant le siége de Jérusalem à l'égard de Zacharie, fils de Barachie?

Il est honteux de revenir si souvent à la difficulté des deux généalogies de Jésus-Christ; comme si Joseph ne pouvoit pas être en même temps & le fils naturel de Jacob, & le fils adoptif d'Héli; parce qu'il avoit épousé Marie sa proche parente fille d'Héli: en sorte que saint Luc donne la généalogie naturelle de la mere de Jésus, & saint Matthieu celle de Joseph. Qu'importe que Jésus ne fût pas le fils de Joseph? En sera-t-il moins le fils de David, si sa mere descend de ce Prince de même que Joseph.

Tirer des instructions morales de certains miracles du Sauveur, ce n'est certainement pas regarder le récit de ses miracles comme des allégories; mais au contraire c'est supposer la réalité de ses prodiges comme des fondements des allégories.

Qu'y a-t-il d'étonnant que Jésus-Christ étant venu pour les brébis perdues d'Israël, ait reçu la circoncision, & ait accompli la Loi? Eut-il pu, sans cela, exercer son ministere parmi les Juifs & s'en faire écouter? De plus cette Loi étoit divine, pouvoit-il donc manquer d'y être fidele, lui qui fe faifoit un devoir de fe conformer à toutes les volontés de fon Pere, & qui en faifoit fes délices?

Il faut n'avoir pas lu les livres du Nouveau Teftament pour ofer avancer qu'il n'y eft fait aucune mention, ni de fon incarnation, ni de fa naiffance d'une Vierge, ni de fa Divinité, ni de celle du Saint-Efprit, ni de la Proceffion du Saint-Efprit, du Pere & du Fils, ni de l'inftitution des Sacrements, ni de l'établiffement d'une Hiérarchie Eccléfiaftique. Tous ces articles de notre Symbole peuvent être appuyés de textes formels. Nous en avons recueillis ailleurs un grand nombre.

Et il eft une regle fimple & tout-à-la-fois infaillible d'en faifir le vrai fens: c'eft de voir dans quel fens ils ont été entendus par les Difciples des Apôtres; car il eft bien manifefte que ces Difciples ayant été inftruits de vive voix par les Apôtres de la Doctrine de leur Maître, avant qu'ils en reçuffent les Écrits, ils ne purent pas ne pas entendre leurs Écrits dans leur véritable fens. Or s'il eft un fait conftant, c'eft que les Difciples des Apôtres regardoient Jéfus-Chrift comme Dieu, & que néanmoins ils ne croyoient qu'un feul Dieu: c'eft ce que prouvent manifeftement, d'un côté les Lettres de Pline à Trajan, de l'autre les réproches que leur faifoient les Payens, tantôt de croire Dieu un homme crucifié, tantôt d'être Athées, parce qu'ils ne vouloient pas reconnoître la pluralité des Dieux. Ne s'enfuit - il pas clairement qu'ils avoient la même idée que nous avons aujourd'hui du Fils de Dieu & de fon Pere ; & que par conféquent ils ne donnoient point d'autre fens anx Écrits des Apôtres. Et certes pouvoient-ils ignorer à quelle Divinité ils fe confacroient dans le Baptême? Il feroit également abfurde de fuppofer, qu'en entendant invoquer fur eux le nom du Pere, du Fils, du Saint-Efprit, ils entendoient ou trois Divinités, ou trois Perfections Divines, ou trois Noms fans réalité. En devenant Chrétiens ils renonçoient au Polythéifme. Les Perfections Divines n'ont point de rapport de Pere, de Fils, de Saint-Efprit les unes à l'égard des autres. Se confacrer à des noms fans réalité, ce feroit fe confacrer à rien. La formule du Baptême étoit donc la profeffion de la foi d'un Dieu en trois Perfonnes. Auffi depuis ces premiers Difciples des Apôtres, ne s'eft-il jamais élevé aucun homme affez téméraire pour combattre cette Foi, fans exciter auffi-tôt l'horreur de toute l'Eglife Catholique. La regle a fon application à tous les autres articles de notre Foi, fur lefquels notre prétendu Philofophe voudroit jetter des doutes. Nous ne connoiffons point d'autre vrai fens des Écrits des Apôtres en matiere de Dogme & de Morale, que celui qu'ont connu leurs premiers Difciples. Et c'eft la raifon même qui nous fert ici de guide: car nous tenons de leurs mains les Écrirs des Apôtres ; par quelle voie

plus

plus sûre pourrions-nous arriver à leur véritable interprétation.

On sait très-bien qu'il y eût plusieurs Sectes parmi les Juifs avant & après Jésus - Christ : mais qu'avoient de commun ces Sectes avec les Disciples de Jésus ? On sait encore très-bien que l'Eglise qui devoit remplir la terre connue eut de foibles commencements. C'étoit ce grain de senevé le plus petit des légumes, qui, selon Jésus-Christ, devoit pousser les branches les plus hautes & les plus étendues. *Matth. XIII. 31. 32.*

Si les premiers Fideles furent des hommes obscurs par leur naissance & par leur pauvreté; ils ne resterent pas long-temps dans cet état d'obscurité : leur zele soutenu de toutes sortes de prodiges, les rendit bientôt célébres par tout l'Empire Romain, & rien ne démontre mieux qu'ils ne purent devoir leur célébrité qu'aux plus grands prodiges, que cet état d'obscurité dans lequel ils étoient nés, que cet état de pauvreté dans lequel ils vivoient. Ce ne furent pas de simples Artisans qu'ils attirerent à leur suite par leurs prodiges : ils gagnerent des Prêtres & des Docteurs à Jérusalem, des Juifs de tous les ordres dans les autres Villes où ils avoient des Synagogues : bientôt les incrédules de cette Nation furent remplacés par un nombre prodigieux de Gentils dans les Villes les plus fameuses par l'idolâtrie, par le libertinage, par une fausse philosophie, dans la Syrie, l'Asie, la Macédoine, la Grece, l'Italie, enfin dans Rome même.

II. Partie. D

Que peut-on conclure de l'union que les Apôtres conserverent avec les Juifs, & de l'observation de leurs Rits qu'ils continuerent de garder? Ces Rits n'ayant été établis que comme des figures des Mysteres du Sauveur, n'étoient certainement plus nécessaires depuis l'établissement d'une nouvelle Alliance par la mort de Jésus-Christ: la vérité avoit succedé aux figures, la réalité aux ombres: il n'étoit donc plus permis de les regarder comme nécessaires: c'est ce que déciderent disertement les Apôtres assemblés à Jérusalem. Mais ces Rits n'ayant rien de mauvais en eux-mêmes, pouvoient, tandis que le Temple subsistoit, être pratiqués par ménagement pour des hommes qui ne les croyoient point encore abolis, & qui s'y croyoient même obligés.

C'est bien mal entendre saint Paul que de ne pas voir dans ses Épîtres le Mystere de la Consubstantialité de Jésus-Christ avec Dieu son Pere. Si l'Apôtre ne se sert pas du terme de Consubstantialité, il en employe de bien équivalents, en lui donnant les mêmes titres qu'à son Pere, *de Dieu, de Dieu béni sur toutes choses, de grand Dieu*, &c.: or, s'il est une vérité certaine, c'est que l'Apôtre ne reconnoît qu'un seul Dieu; d'où il suit évidemment que Jésus - Christ est nécessairement de la même nature & de la même substance que Dieu son Pere. Il est étonnant que notre Philosophe ne voye pas, que dans les textes qu'il cite, l'Apôtre ne parle de Jésus-Christ, que selon sa nature humaine; ou pour me servir de

Rom. IX. 5.
Tit. II. 10. 11.
& 13. III. 4.
Heb. I. & c.

ses termes, du Fils de Dieu en tant que *Rom. 1. 2.* né de la race de David selon la chair. C'est certainement de la grandeur de Jésus-Christ que l'Apôtre tire l'exhortation qu'il *Philip. II. 5.* fait aux Philippiens sur l'humilité, comme s'il *6.* leur disoit : soyez dans les mêmes dispositions de Jésus-Christ, qui ayant la forme & la Nature de Dieu, pouvant conséquemment ne paroître que dans toute la majesté de son égalité à Dieu, a néanmoins voilé tout l'éclat de cette majesté, en prenant la forme d'esclave. L'opposition entre la forme de Dieu & la forme d'esclave suppose aussi manifestement en Jésus-Christ la réalité de la Nature divine, que la réalité de la Nature humaine. Eh quelle humilité auroit fait paroître Jésus-Christ en se faisant homme, s'il n'avoit été Dieu ? Supposez une simple créature, quelqu'excellente que vous la supposiez, quelle distance infinie entre elle & la Divinité! La distance alors entre elle & l'homme n'étant que finie sera bien petite.

La dispute sur la Doctrine entre saint Pierre & saint Paul n'existe que dans l'imagination de notre Philosophe. Il y en avoit eu une entre les Apôtres & les faux Freres qui vouloient soumettre les Gentils convertis à la Loi Mosaïque; dispute réglée & terminée avec l'unanimité la *Act. xv.* plus parfaite au Concile de Jérusalem. Ce ne fut donc pas la Foi de Pierre que saint Paul blâma à Antioche; mais uniquement sa conduite qui pouvoit être un sujet de scandale pour les Gentils convertis en les engageant à judaïser. Ce n'avoit pas été dans de semblables circonſtances que ſaint Paul s'étoit conformé aux Loix des Juifs.

Le Miniſtere de ſaint Pierre n'étoit pas borné aux ſeuls Juifs, ni celui de ſaint Paul aux ſeuls Gentils. Puiſque dans les Actes des Apôtres, l'on voit des Juifs & des Gentils appellés à la Foi par l'un comme par l'autre de ces Apôtres. Quand même ſaint Pierre ne ſe ſeroit propoſé que de prêcher aux Juifs, en pourroit-on conclure qu'il ne ſeroit pas venu à Rome; eſt-ce qu'il n'y avoit point de Juifs dans cette ville ?

Que peut-on conclure du ſilence de l'Auteur des Actes ſur ce voyage? Saint Luc n'eſt plus occupé que de l'Hiſtoire de ſaint Paul depuis qu'il lui fût aſſocié dans ſes voyages. Les Apôtres ne furent pas ſeulement perſécutés par les Juifs vers l'an 60 de notre Ere; ils le furent dès le moment qu'ils annoncerent la Réſurrection de leur Maître. Ils durent être peu ſurpris de cette fureur des Juifs contre eux. Jéſus leur Maître leur avoit prédit ces perſécutions, & en même temps il leur avoit promis de les ſoutenir.

Si les Empereurs ne prirent aucune part aux diſputes des Juifs & des Chrétiens ; peut-on avancer de bonne foi que les Chrétiens formoient alors un trop petit parti pour qu'ils leur fuſſent connus avant la fin du premier ſiecle ?

Eſt-ce que les Épîtres canoniques ne ſont pas antérieures à la fin du premier ſiecle? Or, ſelon ces Épîtres, y avoit-il beaucoup de Villes

dans l'Empire où il n'y eût des Eglises nombreuses de Chrétiens? Rome ne renfermoit-
elle qu'un trop petit nombre de Chrétiens,
pour qu'ils fussent connus de Neron? Comment donc cet Empéreur, pour se décharger de
la haine publique, les chargea-t-il du crime qui
la lui avoit méritée, & en fit-il périr un si grand
nombre?

Est-ce de bonne foi que notre Philosophe
voudroit insinuer que les Apôtres trouverent
de la facilité à faire des Prosélytes, parce
qu'ils prêchoient l'Unité d'un Dieu? Étoit-ce
auprès des Grands & des Philosophes qu'ils
pouvoient trouver cette facilité? Les Grands &
les Philosophes, comme nous l'avons déja dit,
ou doutoient de tout, ou ne croyoient rien.
Étoit-ce auprès des Peuples? Les Peuples
étoient tous abîmés dans les horreurs du Po-
lythéisme & de la Superstition.

De plus, les Apôtres n'annonçoient-ils que
le Dogme de l'Unité d'un Dieu? La mort d'un
Dieu fait homme pour le salut des hommes,
la Morale qu'ils prêchoient, & dont la sainteté fait frémir la nature corrompue, étoient-
ce des Dogmes bien propres à leur gagner des
Disciples, soit parmi les Grands & les Philosophes, soit parmi les Peuples?

Les idées de l'École Platonicienne étoient
sans doute moins révoltantes que celle de tant
d'autres Écoles de ces temps-là; mais qu'il y
avoit bien loin des idées de Platon à l'Évangile publié par les Apôtres? Nulle trace dans
les Peres Apostoliques, les Clément, les Igna-

Voyez ci-après Art. Religion.

ce, les Polycarpe, ni d'un regne temporel de Jéfus-Chrift fur la terre, ni des vers fibyllins. Si parmi leurs Difciples, quelques - uns adopterent de tels fonges, ce font des taches qui ne peuvent diminuer en rien le témoignage qu'ils rendent aux faits publics fenfibles & éclatants arrivés dans leur fiecle.

Il n'eft pas fort étonnant que les premiers Chrétiens célébraffent leurs Myfteres dans le fecret, pour ne point les expofer aux infultes des Prophanes.

Il ne faut qu'ouvrir les Actes des Apôtres pour y voir l'établiffement de la Hiérarchie, c'eft-à-dire, des Evêques, des Prêtres, des Diacres. Il eft ridicule d'oppofer à cet établiffement l'ordre que prefcrit faint Paul pour les affemblées des fideles. Ce qui réfulte de cet ordre, c'eft la réalité des dons furnaturels communiqués alors par l'Efprit faint à divers membres des Eglifes. Car ne feroit-il pas de la derniere abfurdité de fuppofer que faint Paul réglât l'ufage de ces dons, s'ils n'euffent pas été réels? Si l'on apperçoit quelque changement dans les pratiques des Eglifes Apoftoliques chez les Eglifes gouvernées par les Succeffeurs des Apôtres, ce changement eft fi ancien qu'il ne fauroit être attribué qu'aux Apôtres même; tel eft, par exemple, la pratique de recevoir à jeun la fainte Euchariftie, au lieu de la recevoir après le repas des Agapes.

Nos Livres faints n'étoient tenus fecrets que dans le feu des perfécutions où ils étoient recherchés pour être livrés aux flammes. Ce que contenoient ces saints Livres, ne demeuroit pas caché. Tout a été publié hautement par les Pasteurs, & professé ouvertement par les fideles. Ces Livres mêmes n'étoient pas inconnus à un Celse, ni sans doute à d'autres ennemis aussi ardents des Chrétiens.

Qu'il y ait eu un grand nombre de Possedés dans le siecle de Jésus-Christ & dans les premiers siecles de l'Eglise ; que la Magie ait été en vogue dans le même temps ; que Jésus-Christ & les premiers Chrétiens ayent exercé un pouvoir souverain sur les Démons : ce sont des faits qu'on ne peut contester. S'il est aujourd'hui dans le Christianisme moins de Possedés & de Magiciens, c'est à Jésus-Christ que nous en sommes rédévables ; c'est lui qui a renversé les Autels érigés de toutes parts aux Esprits ennemis de l'homme, & qui a dissipé leurs prestiges. Les Régions, où son nom sacré est encore inconnu, jouissent-elles du même bonheur ?

Ce ne fut pas depuis que les sociétés chrétiennes furent devenues nombreuses, qu'elles attaquerent le culte de l'Empire : les Apôtres & tous leurs Successeurs lui avoient livré les mêmes attaques en préchant l'Unité de Dieu, en déclarant que tous ces Dieux adorés dans l'Empire, n'étoient que des Démons, & en donnant le Nom de Jésus-Christ pour le seul par lequel les hommes pouvoient être sauvés.

C'est vouloir se faire illusion à soi-même, que de chercher une autre cause du Martyre

de saint Ignace que la grande réputation &
l'efficace de son zele dans la grande Ville d'Antioche. C'en étoit trop pour ne pas mériter
l'animadversion d'un Prince aussi superstitieux
que l'Empereur Trajan. Les Lettres de Pline à
cet Empereur, ne laissent aucun doute sur son
caractere. Il ne paroît gueres vraisemblable que
saint Ignace craignît d'être délivré par la puissance ou par le crédit des Chrétiens de Rome:
mais il pouvoit craindre que l'argent dans cette
Ville si corrompue, ne le sauvât de la mort
qu'il désiroit avec tant d'ardeur de souffrir pour
Jésus-Christ.

Durant les trois premiers siecles, l'Eglise fut
toujours exposée à la persécution. Son Fondateur néanmoins lui ménageoit des temps de
calme, où ses pasteurs pouvoient s'assembler
pour réparer les désordres causés par la persécution. Il n'est parvenu jusqu'à nous que peu
de procès - verbaux de la condamnation des
Chrétiens à la mort : mais ceux que la providence nous a conservés ne laissent aucun doute sur le sujet de leur condamnation : leur crime
consistoit à refuser constamment d'adorer les
Dieux protecteurs de l'Empire, & à demeurer
invinciblement attachés à Jésus-Christ.

On ne nous apprend rien de nouveau en
nous disant que Dioclétien ne persécuta pas
les Chrétiens au commencement de son regne ;
mais poussé par le César Galérius, il ne mit
aucune borne à sa fureur contre eux, & ses
ordres barbares eurent des suites si funestes
que les ennemis des Chrétiens lui érigerent

des trophées comme au Destructeur du Christianisme,

Enfin la Divinité de la Religion Chrétienne fondée sur tant de preuves évidentes, n'avoit plus besoin en quelque sorte que de sa perpétuité, pour convaincre de son origine céleste tout esprit droit & attentif durant tous les siecles qui succéderoient aux trois premiers de son établissement. Il est donc temps qu'elle triomphe, il lui est suscité un Protecteur. Jésus - Christ montre à Constantin la Croix qui le rendra vainqueur de ses ennemis. Ce n'est pas au mérite de Constantin que Jésus - Christ accorde les faveurs. Hélas! Quels pouvoient être les mérites d'un Prince idolâtre, avant que Jésus-Christ eût dissipé ses ténébres? Au reste ce Prince avoit droit à la succession de Constance Chlore son pere. La répudiation d'Helene sa mere empêchoit-elle qu'il ne fût son fils aîné? Plein de respect & de tendresse pour cette mere, il lui fit connoître Jésus-Christ. Il prit un soin particulier de ses freres & de ses neveux. Il ne sévit contre Crispus son fils, que parce qu'il fût trompé par les artifices horribles de Fausta son épouse, bien digne de la mort dont il la punit, après avoir découvert ses calomnies & ses infidélités.

Pourquoi mettre sur le compte des Chrétiens le traitement qui fut fait par les ordres de Licinius à la femme de Maximin, de même qu'à la femme & à la fille de Diocletien? Licinius fut toujours plus ou moins ouvertement l'ennemi des Chrétiens.

Quel eſt le but de notre Philoſophe dans la deſcription par où il finit cet article, des diſputes, des diviſions, des troubles, des perſécutions auxquelles l'Egliſe de Jéſus-Chriſt s'eſt vue expoſée depuis ſon triomphe ſous Conſtantin; & enfin du petit nombre de ſes enfants auxquels elle eſt réduite aujourd'hui ſur la terre? Il en réſulte, au contraire, une preuve manifeſte de la vérité des promeſſes que lui avoit faites ſon Fondateur, & des prédictions qu'elle avoit reçues de lui & de ſes Apôtres. Que ſeroit-ce que l'Egliſe, ſi la Doctrine de ſon Chef n'y ſubſiſtoit pas toute entiere ſans mêlange d'aucune erreur? Pourroit-on eſpérer avec confiance de plaire au ſouverain Être par la ſoumiſſion de ſon eſprit & de ſon cœur à cette Doctrine? Le ſouverain Être eſt la vérité: on ne peut lui plaire par l'erreur. Comment donc l'Egliſe, ſans la protection du Tout-Puiſſant, eut-elle jamais pu conſerver la Doctrine de Jéſus-Chriſt dans ſon entier ſans aucun mêlange d'erreur au milieu de tant de combats qui lui ont été livrés, de tant de perſécutions qu'elle a eu à eſſuyer, de tant de Schiſmes qui l'ont déchirée, de tant de Sectes qui ſont ſorties de ſon ſein, de tant de ſcandales qu'elle a eu à ſouffrir? Cependant un fait conſtant, eſt que la Doctrine qu'elle profeſſe aujourd'hui, eſt la même qu'elle a profeſſée dès les premiers moments de ſon établiſſement. Elle a pu varier dans quelques-unes de ſes pratiques: mais jamais ſa Foi, ni ſur le Dogme, ni ſur la Morale, n'a fouffert aucune atteinte. L'orgueil infenfé de fes enfants affez hardis pour s'élever contre elle, n'a fervi qu'à l'engager à profeffer plus hautement & plus clairement ce qu'elle croyoit, & ce qu'elle avoit toujours cru fur-tout touchant la Nature divine de fon Chef. Le nombre de fes enfants n'eft pas celui des hommes dont la terre eft couverte ; mais malheur aux hommes qui n'appartiennent point à ce nombre. Malheur même à ceux qui y appartiennent, fans avoir l'efprit & le cœur de l'époufe de Jéfus-Chrift.

Il n'eft pas difficile de reconnoître l'Auteur du *Difcours des Cinquante* dans cet article des *Recherches hiftoriques fur le Chriftianifme* : mais à quoi aboutiffent ces prétendues *Recherches* ? A démontrer la vérité du Chriftianifme. Un efprit jufte & droit voit dans Jofeph, s'il eft vrai qu'il ne parle ni de Jéfus-Chrift, ni de fes Difciples, un Hiftorien qui ne pouvant ignorer des faits auffi éclatants que le foleil, prend le parti du filence, plutôt que de contredire des faits de ce genre. Il voit dans les Écrits des Apôtres la Doctrine crue & profeffée aujourd'hui par l'Eglife, en voyant cette même Doctrine dans les premiers Difciples des Apôtres dépofitaires de leurs Écrits. Il ne voit dans l'obfcurité & dans la pauvreté des premiers Difciples de Jéfus-Chrift que des obftacles au fuccès de l'Evangile ; par conféquent il ne voit dans le fuccès étonnant de la prédication de ces hommes obfcurs & pauvres que l'opération du fouverain Maître des

esprits & des cœurs. Bien loin de voir les Grands,
les Philosophes, le Peuple, disposés à recevoir
la Doctrine prêchée par les Apôtres, soit sur
l'Unité de Dieu, soit sur la Divinité de Jésus-
Christ, soit sur les Mœurs, il ne voit dans leurs
opinions, dans leurs préjugés, dans leurs passions, qu'une opposition insurmontable à toute
autre qu'au Tout-Puissant. Il voit dans les
Disputes, les Divisions, les Schismes, les Per-
sécutions que l'Eglise a eu à essuyer depuis
son berceau jusqu'à nos jours, toute l'énergie
Matth. XVI. de cette parole de Jésus-Christ, *les portes de*
18. *l'Enfer ne prévaudront point contre elle*; enfin il
voit dans l'Eglise aussi étendue que la terre,
réduite néanmoins à un petit nombre d'enfants
en comparaison du nombre des hommes livrés
aux illusions de leur esprit, & aux desirs de
leur cœur, l'accomplissement des promesses
de son Chef, de même que de ses prédictions &
de celles de ses Apôtres, comme nous le verrons ailleurs.

X X X.

Convulsions.

Notre Philosophe n'emploie que la raille-
rie contre les Convulsions: des armes de cette
trempe, ne sont pas victorieuses. Il faut dans
de semblables discussions avoir des idées justes
de la Religion, des regles des Mœurs, de la
nature des Miracles, du pouvoir des Démons,
& notre Philosophe en paroît totalement dénué.

X X X I.

Critique.

Nous lui abandonnons volontiers les Critiques qui tiennent à la satire. Nous souhaiterions néanmoins pour son honneur, qu'il eût fait remarquer la différence qu'il y a entre Boileau qui travailloit à mettre un frein à la corruption des hommes, & Quinault qui ne paroissoit occupé qu'à rendre les spectacles plus dangereux.

X X X I I.

Destin.

Quoique le Destin soit un mot aussi vuide de sens que le hazard; il est néanmoins assez naturel que le Paganisme, ayant des idées si grossieres de ses Divinités chimériques, ait soumis ces Divinités à la nécessité de la nature, plutôt que d'abandonner la nature à leur caprice bizare. Mais reconnoître un Être souverainement parfait Créateur de toutes choses, sans le reconnoître en même temps souverainement libre & dans la Création & dans le Gouvernement de l'Univers; est-ce être Philosophe? Tout est vu, sans doute, tout est arrangé dans son ouvrage; tout y est conduit par ses Loix; tout y sert à l'exécution de ses desseins; rien ne peut se soustraire à

l'empire de fa Juſtice, ou à celui de fa Miſéricorde : mais tout eſt l'effet d'une volonté infiniment libre ; & imaginer des événements
néceſſaires felon des Loix diſtinguées de cette
volonté, c'eſt le comble de la folie. Y a-t-il
moins de folie à conclure de l'idée de Dieu,
que la liberté des intelligences créées, eſt un
mot fans idée ? Quoi ! Le Créateur de ces intelligences leur aura donné le fens intime de
la faculté de vouloir & de ne pas vouloir
les objets qui s'offrent à elles ; & il ne pourra influer dans leur choix fans les néceſſiter ?
Quelle feroit fa Puiſſance ?

X X X I I I.

Dieu.

Notre Philofophe foutient bien fon caractere dans le *Dialogue d'un Théologal & d'un
Scythe fur la Divinité.* Pourquoi, au lieu de
mettre dans la bouche du Théologal tant d'injures & de queſtions impertinentes, ne pas le
faire profiter des ouvertures que lui préfente
le Scythe, pour l'amener à la vérité ? Le Scythe chante avec fa famille les louanges de
l'Être fuprême, parce que, dit-il, il eſt juſte
d'adorer celui de qui nous tenons tout ; mais
il fe garde bien, ajoute-t-il, de lui rien demander, parce qu'il fait mieux que nous ce
qu'il nous faut. Le Théologal ne pouvoit-il
pas lui dire : Ne fentez-vous aucun befoin, ni
pour vous, ni pour votre famille ? Pouvez-

vous attendre des fecours d'un autre que de l'Être fuprême ? Ne défirez-vous point que les louanges que vous chantez à fa gloire lui foient agréables ? Pouvez-vous efpérer qu'elles lui foient agréables à moins qu'il n'en foit l'Auteur lui-même ? Comment donc, par cette raifon qu'il connoît mieux que nous ce qu'il nous faut, pouvez-vous vous croire difpenfé de lui repréfenter les befoins de votre ame, & le defir d'en être délivré ? Eft-il encore raifonnable de ne point lui expofer vos befoins mêmes temporels par la crainte de demander du beau temps, tandis que votre voifin demanderoit de la pluye ? La demande du beau temps que vous feriez à Dieu avec un cœur détaché des biens fenfibles, & pleinement foumis à ce qu'il lui plairoit d'en ordonner, pourroit-elle être contraire à la demande que feroit votre voifin de la pluye dans les mêmes difpofitions?

Pourquoi après avoir entendu l'aveu que le Scythe fait que Dieu eft fon Créateur & fon Maître, le laiffer indécis fur la queftion de l'éternité de la matiere ? Eft-ce que la matiere peut être diftinguée des corps dont l'Univers eft l'affemblage ? Comment donc la matiere pourroit-elle être éternelle, fi l'Etre fuprême eft le Créateur des corps ? Car ce qui eft éternel ne peut avoir de commencement; & ce qui eft créé en a un néceffairement.

De l'aveu encore qu'il fait que Dieu eft fon Maître & fon Juge, qui le recompenfera, s'il fait bien, & qui le punira, s'il fait mal, pourquoi n'en prendre point occafion de l'entretenir de la néceffité d'un Médiateur ? Ce Maître & ce Juge, pouvoit-on lui dire, vous a donné la notion de la juftice, & il veut que vous la fuiviez, fous peine d'être puni fi vous vous en écartez. Pouvez-vous vous flatter d'avoir toujours fuivi fidélement la juftice ? Hélas ! qui peut s'en flatter en préfence d'un Juge qui eft la Sainteté même ? Comment donc fi vous ne pouvez vous flatter d'être innocent à fes yeux, pouvez-vous ne pas craindre les châtiments qu'il referve aux injuftes ? Avez-vous quelque moyen d'éviter ces châtiments ? L'unique feroit de réparer votre injuftice. Mais quelle réparation pouvez-vous lui faire ? Vous n'avez que le répentir : mais eft-ce là une réparation bien proportionnée aux châtiments que votre injuftice mérite ? Vous direz fans doute que l'Être fuprême eft bon, qu'il eft votre Pere. Mais fa bonté, fa qualité de Pere n'empêchent pas qu'il ne foit en droit d'exiger une fatisfaction pleine & entiere. Avec quelle reconnoiffance ne devriez-vous donc pas recevoir un Réparateur, qui étant la Juftice même, fe mettroit entre vous & Dieu pour fatisfaire à fa Juftice, & pour vous reconcilier avec lui ? C'eft un tel Réparateur que je vous annonce en Jéfus-Chrift.

Il n'étoit pas permis non plus de lui laiffer ignorer que Dieu eft un efprit. Et il eut été facile de lui donner quelque notion d'un efprit en le faifant rentrer en lui-même & en le rendant attentif à cet Etre qui a en lui le fens intime de fa propre exiftence. Mais

notre

notre Matérialiste seroit bien fâché qu'un Scythe ne le fût pas ; & que son interlocuteur
Logomachos fut plus spirituel.

XXXIV.

Égalité.

Les hommes naissant tous d'une tige commune, capable de se connoître & de s'aimer,
destinés à un même bonheur, sont manifestement faits pour vivre en société. Rien ne
pourroit les diviser, s'ils étoient sans passions
& sans besoins. Dans cet état heureux, n'y
auroit-il aucune subordination ? C'est ce qu'on
ne peut dire, à moins que de prétendre que
ses enfants seroient dispensés de tous devoirs
de reconnoissance & d'amour envers leurs Peres. Qu'une subordination si douce seroit
différente de cet état de dépendance où nous
naissons ! Mais quelle en est l'origine ? Écou-
tons notre Philosophe.

« Tout homme naît avec un penchant vio-
» lent pour la domination, les richesses &
» les plaisirs, & avec beaucoup de goût pour
» la paresse ; par conséquent tout homme vou-
» droit avoir l'argent & les femmes des autres,
» être leur maître, les assujettir à tous ses
» caprices ».

Que conclure delà ? Est-ce simplement que
les hommes sont nécessairement inégaux ? Puisqu'ayant été faits pour vivre en société ,
nous naissons cependant avec des penchants

II. Partie.   E

incompatibles avec toute société, où puiſ-
ſent ſe maintenir la juſtice, la paix & la concorde ; & puiſque ces penchants violents pour
la domination , les richeſſes , les plaiſirs , avec
leſquels nous naiſſons , ſont évidemment injuſ-
tes & contraires à notre deſtination qui eſt de
vivre en ſociété ; n'en faut - il pas conclure
que l'homme n'a pu ſortir dans cet état des
mains du Créateur , & que cet état qui eſt la
cauſe de l'inégalité des conditions , eſt la ſuite
& la punition de ſon crime ?

X X X V.

Enfer.

La Religion eſt auſſi ancienne que l'homme,
puiſqu'elle eſt la fin de ſon Être. La croyance d'une vie future , où la vertu doit être
recompenſée , & le vice puni , n'eſt pas moins
ancienne, puiſqu'elle eſt inſéparable de la notion d'une Divinité. Elle n'eſt donc pas fondée , cette croyance , ſur l'imagination ; & il eſt
ridicule de la refuſer au Peuple Juif. Les promeſſes & les menaces temporelles faites à ce
Peuple par leur Légiſlateur, bien loin de
l'exclure , la ſuppoſent , comme nous l'avons
fait voir dans nos *Obſervations* ſur le chap. XXV
& ſur le XL , n. 6. de la *Philoſophie de l'Hiſtoire*
contre l'ennemi de Moïſe.

Nous ne nous arrêtons pas à ce qu'ajoute
cet ennemi de la Religion contre l'éternité des
peines après cette vie. Nous tâcherons de lui

répondre, quand il nous aura démontré bien clairement, qu'il n'y a point d'injuftice à aimer les créatures au lieu du Créateur, & qu'il n'y a point de proportion entre un tel amour éternel & la privation éternelle de fon objet.

X X X V I.

États , Gouvernements; quel eft le meilleur?

Nous nous garderons bien de fuivre nôtre Auteur dans fa critique des États & des Gouvernements. Nous fouhaiterions feulement qu'il fe fût abftenu de fes invectives ordinaires contre le Gouvernement du Peuple Juif.

X X X V I I.

D'Ezéchiel.

On ne nous dit rien ici fur Ezéchiel, que nous n'ayons entendu dans la *Philofophie de l'Hiftoire* , chap. XLIII. S'il étoit vrai que parmi les Juifs, il ne fût permis de lire le Prophete Ezéchiel qu'à un certain âge , uniquement à caufe de la prétendue contradiction entre ce Prophete, chap. XVIII ℣. 2 & 3, & Moïfe chap. XX ℣. 5, & XXXIV ℣. 7 de l'Exode, ch. XIV ℣. 18 des Nombres, & ch. V ℣. 9 du Deutéronome , il en faudroit conclure que les Juifs n'étoient gueres pénétrants dans les Livres de leurs Prophetes. Il eft naturel d'entendre dans la menace que Dieu fait par Moïfe, de punir les peres dans leurs enfants , il eft naturel, dis-je, d'entendre les enfants imitateurs du crime de leurs peres : au lieu que dans Ezéchiel il n'eſt queſtion que des enfants, leſquels bien loin d'imiter l'iniquité de leurs peres, ſont juſtes, & agiſſent ſelon l'équité & la juſtice, &c. Rien n'empêche même d'entendre Ezéchiel de la conduite que Dieu devoit tenir dans la nouvelle Alliance différente de l'ancienne.

X X X V I I I.

Fables.

Il faudroit avoir en partage une imagination de la trempe de celle de notre Philoſophe pour voir une peinture admirable de la Nature entiere dans les Fables de la naiſſance de Venus, de l'Amour, de Minerve, de l'Ame. Pourquoi ces Fables lui paroiſſent - elles ſi ingénieuſes ? Ne ſeroit-ce point, parce qu'elles ont donné naiſſance aux excès les plus honteux, & aux ſyſtêmes les plus abſurdes.

X X X I X.

Fanatiſme.

La Religion véritable a droit ſur tous les eſprits & ſur tous les cœurs ; mais elle ne veut y entrer que par la voie de l'inſtruction & de la perſuaſion. Quiconque donc lui refuſe l'entrée de ſon eſprit & de ſon cœur, eſt un malade qui rejette l'unique remede qui peut le guérir. On ne peut trop déplorer fon aveuglement & fa folie. Mais faut - il l'égorger ? Quelle étrange maniere de lui marquer de la compaffion ! Le Fanatifme eft donc un monftre que la Religion a en horreur. Mais faut-il pour bannir ce monftre de deffus la terre, y prêcher la tolérance de toutes les Religions ? Ce feroit mettre au même niveau l'erreur & la vérité ; par conféquent introduire un Fanatifme encore plus pernicieux que celui qu'on voudroit bannir. C'eft là néanmoins le Fanatifme de la nouvelle Philofophie.

X L.

Fauffeté des Vertus humaines.

Faire confifter la vertu avec notre Philofophe à faire du bien fans aucun motif qui détermine à le faire, c'eft fuppofer qu'une action peut être vertueufe fans être raifonnable : car agir fans motif, eft-ce agir raifonnablement ? Eft-ce qu'un cheval qui me porte, eft vertueux, parce qu'il me fait du bien ? C'eft donc du motif qu'une action tire tout fon prix. On eft vertueux ou vicieux felon que le motif eft bon ou mauvais. En faifant du bien aux autres, en foulageant, par exemple, un pauvre ; fi vous le faites par orgueil, ou par quelqu'autre intention vicieufe, vous êtes fans doute bon à ce pauvre ; mais êtesvous bon à vous-même ? Êtes-vous vertueux ? Non certes ; à moins que chez vous l'orgueil ne foit une vertu. Or reconnoître un Dieu, & prétendre qu'une action eft une vertu qui mérite la vie éternelle, quand elle ne lui eft pas rapportée comme à la derniere fin, c'eft-à-dire, quand elle n'eft pas faite dans la vue de lui obéir & de lui plaire, c'eft fe contre-dire dans les termes. Pourquoi donc la Prudence qui confifte dans le choix des moyens qui conduifent à une telle fin, ne feroit-elle pas une vertu, auffi bien que la Force qui confifte à furmonter les difficultés qui détour-nent de la même fin?

X L I.

Fin, Caufe finale.

L'Univers offre de toutes parts des effets d'un deffein fi marqué, qu'il n'eft pas poffible de n'y pas reconnoître la fageffe de fon Au-teur. Ne faut-il pas être forcené pour nier, par exemple, que les eftomacs foient faits pour digérer, les yeux pour voir, les oreilles pour entendre? S'il y a donc des effets dans l'U-nivers où le deffein de fon Auteur ne foit pas vifible, parce qu'il eft des Agents libres dont ils paroiffent dépendre; n'y auroit-il pas de la folie à foutenir que de tels effets ne font ni prévus ni arrangés, & qu'ils n'entrent point dans le plan d'une fouveraine Sageffe, d'une fouveraine Juftice, ou d'une fouveraine Mifé-ricorde?

XLII.

Folie.

Il suffit d'un côté d'être attentif à ce sens intime que chacun a de sa pensée, & de l'autre à l'idée de l'étendue, pour être pleinement persuadé que l'Être pensant & l'Être étendu sont des substances entiérement diverses. Quoiqu'on n'ait pas les mêmes preuves de l'existence de ces deux substances, il n'est personne néanmoins qui doute sérieusement de l'existence des corps, sur-tout du sien propre. De même quoique chacun soit certain par le sens intime de l'existence de son être pensant, quelque changement qui survienne à son corps ; il n'est pas moins certain qu'il éprouve plus ou moins de facilité ou de difficulté dans ses opérations, selon les changements qui arrivent à son corps. Il n'est donc pas douteux que notre ame ne dépende dans ses opérations de la bonne ou mauvaise disposition du cerveau pour juger & pour raisonner. Elle aura, si vous le voulez, les mêmes perceptions, les mêmes sensations dans le moment B. qu'elle avoit dans le moment A : mais si ses perceptions dans le moment B. se présentent avec trop de rapidité, elle ne pourra y donner l'attention nécessaire pour en voir les rapports & les liaisons ; par conséquent pour les lier & les séparer ; par conséquent pour juger sainement. Si, au contraire, ses perceptions fe préfentent les unes après les autres avec trop de lenteur, elle ne pourra encore les comparer pour en juger. Elle jouiſſoit donc de la fageſſe au moment A, parce que ſes perceptions ſe préſentoient dans un ordre con-vénable : par une raiſon contraire elle doit paroître dans la Folie au moment B. Conclure delà que l'ame n'eſt ni ſpirituelle, ni immaté-rielle, eſt-ce être ſage ? Peut-on quand même on ſeroit Matérialiſte, ôter à l'ame la vertu de rappeller le paſſé pour le comparer avec le préſent ? La vraie concluſion à tirer, c'eſt que le Créateur a établi une correſpondance entre ces deux ſubſtances dont nous ſommes compoſés, qui conſiſtent à être, l'une par rap-port à l'autre, cauſe occaſionnelle ; & qu'il a voulu que l'homme bien conſtitué eût la liberté de rapprocher ſes perceptions pour les com-parer, & que dans le cas d'un dérangement du cerveau, l'homme ne fût plus obligé aux devoirs preſcrits par la ſageſſe, à moins que le dérangement ne fût volontaire ; & que con-ſéquemment les effets qui s'en ſuivroient, ne fuſſent auſſi volontaires dans leurs cauſes.

X L I I I.

Fraude.

Notre Philoſophe ſous le nom de Confucius combat cette maxime d'un Fakir, qu'il eſt per-mis de tromper le Peuple en matiere de Re-ligion. Mais quel eſt ſon but ? Eſt-ce de prouver qu'il n'eſt permis d'enſeigner au Peuple qu'une Religion véritable, néceſſaire, fondée ſur de bonnes preuves? Non. C'eſt de lui prêcher préciſément qu'il y a un Dieu vengeur du vice & remunérateur de la vertu. C'eſt à ce Dogme qu'il réduit toute la Religion: & encore ne donne-t-il cette Religion que comme une Doctrine honnête, vraiſemblable, utile; de la fauſſeté de laquelle la raiſon ne ſauroit être aſſurée, quoiqu'elle ne puiſſe non plus être aſſurée de ſa vérité.

Voilà donc la Religion des Diſciples de Confucius: voilà donc celle de notre Philoſophe. Quelle eſt lumineuſe! Quelle eſt conſolante! Quelle nous fait bien connoître notre Dieu! Quelle nous inſtruit bien de tous nos devoirs! Quelle fixe bien tous les doutes de nos eſprits! Quelle eſt puiſſante pour attacher nos cœurs aux biens éternels & pour les détacher des biens ſenſibles & paſſagers! Quelle eſt une forte barriere contre nos paſſions! Quelle eſt propre à nous arracher à ces paſſions, quand nous avons eu le malheur d'en devenir eſclaves! Eſt-ce donc là une Religion qui ſoit préférable à la Religion Chrétienne? S'il eſt une démonſtration de la néceſſité d'une Religion révélée, telle que la Religion Chrétienne: c'eſt la notion que notre Philoſophe nous donne ici ouvertement de la ſienne. Hélas? De quel avantage nous ſeroit l'idée d'un Dieu vengeur & rémunérateur, ſi nous ignorions par quelle voie nous pouvons éviter ſes vengeances, & mériter ſes recompenſes? Elle ne

ferviroit qu'à nous infpirer une vaine préfomp-
tion, ou à nous jetter dans le défefpoir.

X L I V.

Gloire.

Notre Philofophe s'entend-il lui-même, quand
après avoir déclamé contre la vanité des hommes qui fe propofent dans leurs actions de glorifier Dieu, il termine ainfi fes déclamations:
Atomes anéantiffez-vous & adorez? Qu'eft-ce
qu'adorer Dieu? N'eft-ce pas le glorifier? Qui
ignore que nous ne pouvons rien ajouter à
fa Grandeur en nous humiliant en fa préfence;
ni rien lui ôter en méprifant fes Loix? Qui
ignore qu'infiniment heureux par la connoiffance & par l'amour qu'il a de lui-même, il
eft indépendant de nos hommages, de même
que de nos outrages? Ce n'eft donc pas pour
fon bien, que nous devons le glorifier; c'eft
pour le nôtre. Il eft la Sageffe infinie qui nous
a fait capables de le connoître & de l'aimer;
il nous a donc faits pour une fin fi augufte.
Il eft la Bonté fuprême; il nous a donc faits
pour être heureux; & nous ne pouvons l'être
qu'en le connoiffant & l'aimant. Il eft la Juftice fouveraine; il ne peut donc que nous improuver, fi nous nous écartons de la fin que
fa Sageffe & fa Bonté fe font propofées en
nous donnant l'exiftence. Ne pas louer fa
Grandeur, ne pas célébrer fa Bonté, ne pas
craindre fa Juftice, ne pas implorer fa Mifé-

ricorde ; en un mot, ne pas lui affujettir nos
efprits & nos cœurs, ce n'eft pas l'avilir ; c'eft
nous avilir nous-mêmes : ce n'eft pas diminuer fon bonheur ; c'eft vouloir être malheureux nous-mêmes.

X L V.

Guerre.

Dès qu'on reconnoît une Providence qui
préfide à tous les événements du monde, on
ne peut nier que la Pefte, la Famine, la
Guerre n'entrent dans le plan de la Providence. On ne peut plus envifager tous ces fléaux,
que comme des châtiments qu'un Dieu exerce
contre les prévaricateurs de fes Loix. Les
paffions des Princes ont fouvent, fans doute,
part à la Guerre : mais la fouveraine Juftice
fait fervir ces paffions mêmes à fes deffeins.
Car pourquoi les Princes y font-ils livrés ?
N'eft-ce pas à caufe de leurs crimes & des
crimes de leurs fujets ? Notre Dieu n'eft donc
pas feulement appellé le Dieu des Armées, parce
qu'il donne la prudence, le courage & la force ;
mais parce qu'il fe fert d'une troupe de criminels
comme de bourreaux à l'égard d'un autre troupe
de criminels. Cependant doit-on toujours imputer la Guerre à l'ambition des Princes ? Non :
ce n'eft point l'ambition, qui arme un Prince
forcé de déclarer la Guerre à un injufte ufur-
pateur de fes domaines, ou contre un op-
preffeur de fes fujets. Mais quels font les fen-

timents de l'Eglise à la vue de ce fleau terrible? Elle gémit, elle prie, elle n'est occupée qu'à fléchir par ses larmes la souveraine Justice irritée contre ses enfants. Si après une victoire, elle se répand en actions de graces dans la présence du Dieu des Armées, ce n'est pas qu'elle se rejouisse de la mort de tant de victimes ; mais c'est qu'elle regarde la victoire comme un moyen, qui peut amener la paix après laquelle elle soupire.

X L V I.

Grace.

Nous ne suivrons pas notre Philosophe dans cette énumération de termes employés par nos Théologiens pour exprimer les divisions de la Grace. Il nous semble que pour l'arrêter, il suffit de donner une notion générale de la Grace. Que peut-on donc entendre en général par ce terme? On entend l'action de Dieu qui fait connoître & qui fait aimer à une ame ses devoirs & ses vrais biens. Cette simple notion fait tomber toutes ces fades plaisanteries de notre Philosophe sur la Grace, dont il fait de pitoyables applications à des corps, à notre globe, par exemple, à un chêne, & à des brutes. Elle ne fait pas moins sentir le ridicule de ses déclamations contre ce don fait à tel homme plutôt qu'à tel autre. Faut-il en effet autre chose qu'ouvrir les yeux sur le spectacle que présente le Genre-humain dans les temps anciens, de même que dans le temps préfent, pour être convaincu que la fouveraine Sageffe n'éclaire pas également les efprits, & ne dirige pas également les cœurs.

En effet, peut-on dire qu'elle répandoit la connoiffance & l'amour des vérités falutaires fur toutes ces anciennes Nations plongées dans toutes les horreurs du Polythéifme & de l'Idolâtrie, comme elle les a répandues fur la Nation Chrétienne ? Peut-on dire même qu'elle communique fes dons avec la même égalité à chaque particulier dans la Nation Chrétienne ? D'où vient donc parmi eux cette différence de lumiere & de vertu ? On voit les uns vivre dans l'ignorance de leurs devoirs, dans l'oubli de Dieu, dans l'amour des biens vifibles, tandis que les autres ne vivent que dans le mépris de tout ce qui paffe, & que dans l'attente & le défir des biens éternels. Pour nier donc, qu'à l'égard des hommes, Dieu diftribue inégalement fa Grace, il faudroit nier que Dieu foit le moteur des cœurs, & la lumiere des efprits. En vain a - t - on ici recours aux Loix générales de la Nature : ces Loix font la volonté fouverainement efficace du Créateur. Or cette volonté pour agir d'une maniere conftante & uniforme fur les corps n'en embraffe pas moins chaque parcelle, chaque configuration, chaque mouvement. Comment dans fon action fur les efprits n'embrafferoit-elle donc pas jufqu'à leurs plus fombres penfées, jufqu'à leurs vouloirs les plus foibles, en produifant ce qu'il y a de bon & de conforme à fes loix, & en tolérant, c'eft-à-dire, en n'empêchant pas ce qu'il y a de mal & de contraire à ces mêmes Loix.

X L V I I.

Hiftoire des Rois Juifs, & Paralipomenes.

Nous avons vu dans la *Philofophie de l'Hiftoire,* chap. XLII & XLIII, avec quelle amertume notre Philofophe attaque l'Hiftoire du Peuple Juif. Il fe borne ici, ce femble, à combattre l'infpiration des livres qui contiennent l'Hiftoire de fes Rois. Mais fon goût ne paroît pas fait pour juger des chofes de Dieu. Il voudroit fans doute trouver dans ces livres une fuite réguliere & complette des grands événements qui excitent la curiofité des Lecteurs. Il voudroit y trouver l'Éloge des qualités guerrieres & politiques des hommes illuftres, qui ont attiré l'admiration des Peuples par des victoires & des conquêtes, ou par d'autres actions éclatantes.

Ce n'eft pas là ce que l'Efprit Saint s'eft propofé en dictant cette Hiftoire. Il ne s'occupe partout qu'à établir la fainteté du culte dû à la fouveraine Majefté, qu'à infpirer un attachement inviolable à fa Loi, qu'à enfeigner les devoirs & les vertus de chaque condition, & qu'à en donner d'excellents modeles dans les perfonnes de toute condition, qu'il s'eft particuliérement attachées. C'est sur le détail de leur conduite, & sur les circonstances de leur vie qu'il insiste : c'est sur leurs exemples qu'il se plaît à s'arrêter. Le premier Livre des Rois est proprement l'Histoire du Prophete Samuël, comme le second est celle de David ; & ce n'est que par rapport à lui, qu'il est dit quelque chose du long regne de Saül. Le troisieme & le quatrieme livres des Rois, sont employés à décrire avec soin les actions louables des Rois Salomon, Josaphat, Ezéchias & Josias, & les merveilles des Prophetes Elie & Elisée. Au contraire, le Saint-Esprit tranche en peu de mots le récit des actions des impies, quelque éclat qu'elles puissent avoir aux yeux du siecle prophane. Il ne parle de ces illustres coupables qu'en passant, & qu'autant qu'ils sont propres à relever la gloire de la Religion.

Ce qui ne fait pas moins sentir l'inspiration de cette Histoire ; c'est qu'elle présente partout la preuve de l'exécution des promesses & des menaces que Dieu avoit faites à son Peuple de le traiter selon qu'il seroit fidele ou infidele à ses loix. Car Dieu ne renonça pas à son empire sur ce Peuple, lorsqu'il se prêta à ses pressants desirs d'avoir un Roi qui le protégeât contre ses ennemis ? Ajoutez : cette Histoire servant à constater l'exécution de la promesse du Libérateur que Dieu avoit attachée à la tribu de Juda & à la famille de David, offre un caractere bien marqué de son inspiration. Si cette Histoire paroît donc peu édifiante à notre dévot Écrivain ; c'est qu'il lui plaît de n'avoir aucun égard ni au genre du Gouvernement du Peuple Juif, ni aux promesses & aux ménaces temporelles faites à ce Peuple, ni à sa destination de conserver le dépôt de la véritable Religion sur la terre, & de donner au monde un Libérateur.

Le Libérateur a paru; la continuation de l'Histoire de la Tribu de Juda & de la famille de David seroit donc désormais superflue. L'état d'humiliation du Peuple Juif au milieu des Nations, est une Histoire vivante, qui prouve, & que le Libérateur s'est montré à la terre, & que le Peuple Juif l'a méconnu, l'a outragé, l'a mis a mort, selon les prédictions des Prophetes. Sa conservation au milieu des Nations, malgré son état d'humiliation, est une preuve qu'il est reservé à revenir un jour à la connoissance & à l'adoration du Libérateur, selon les prédictions de ses Prophetes.

X L V I I I.

Idole, Idolâtre, Idolâtrie.

Dans l'article *Idole, Idolâtre, Idolâtrie,* on étale un peu plus d'érudition que dans le chap. xxx de la *Philosophie de l'Histoire* sur le même sujet, mais en pure perte. Qu'importe, en effet, que tant de Nations anciennes assez aveugles pour prostituer leur culte à une foule de fausses Divinités, n'ayent pas porté le nom d'Idolâtres, si effectivement elles étoient Idolâtres ?

Idolâtres? On eft obligé de convenir que la populace étoit faifie d'une horreur religieufe à la vue des Idoles, & qu'elle y croyoit la Divinité préfente. Ne s'enfuit-il pas que la populace étoit Idolâtre? Comment donc difculper du même crime fes Prêtres, fes Rois, fes Magiftrats & fes Philofophes?

« Il y avoit, dit-on, chez prefque toutes » les Nations Idolâtres la Théologie facrée & » l'erreur populaire, le culte fecret, & les cé- » rémonies publiques, la Religion des Sages » & celle du Vulgaire ».

Mais cette Théologie facrée empêchoit-elle de fe conformer à l'erreur populaire? Ce culte fecret empêchoit-il de pratiquer les cérémonies publiques? La Religion des Sages les empêchoit-elle de fuivre la Religion du Vulgaire? En un mot la Théologie de ces prétendus Sages ne fervoit qu'à en faire des lâches menteurs, qui agiffoient autrement qu'ils ne penfoient; des fourbes hypocrites qui vouloient paffer pour des dévots à des Dieux qui n'étoient à leurs yeux que des Êtres chimériques; des injuftes détenteurs de la vérité qui ne l'ofoient profeffer publiquement; des ingrats envers l'Être fuprême dont ils déféroient à des êtres abominables le culte qui n'eft dû qu'à lui feul; des cruels envers le Peuple qu'ils entretenoient & autorifoient dans fes erreurs injurieufes à la Divinité; en un mot, des Sages infenfés dignes d'être livrés à un fens réprouvé & aux paffions les plus honteufes. C'eft néanmoins de ces prétendus Sages que Bélifaire compofe la Cour céleste, sans nous montrer dans l'Histoire le moment de leur conversion, & dont il espere, sans doute au même titre, de grossir la troupe, si cependant un Sceptique peut être persuadé que la vie présente sera suivie d'une vie future.

X L I X.

Jephté.

On renouvelle dans l'article de Jephté le réproche qu'on a fait au Peuple Juif, chapitre XXXVI de la *Philosophie de l'Histoire*, d'avoir offert à Dieu des victimes humaines en sacrifice. Mais rien de moins fondé que ce reproche qu'on voudroit appuyer de l'exemple de Jephté à l'égard de sa fille. Il étoit prescrit aux Israélites de n'épargner en aucune sorte ce qui avoit été voué à l'Éternel comme un Anathême : mais l'accomplissement d'un tel vœu n'avoit rien de commun avec le culte qu'il rendoit à l'Être suprême. Ce n'étoit pas une cérémonie religieuse & moins encore un sacrifice ; c'étoit, au contraire, une punition très-grave destinée à de certains crimes du premier ordre. Or, dans le vœu de Jephté, il n'est en aucune façon, question d'une punition semblable ; mais d'un culte religieux, d'une offrande, d'un holocauste à faire au Seigneur en signe de reconnoissance.

Il suit de-là : Premiérement qu'Agag, par exemple mis en morceaux par Samuel, n'étoit point une victime offerte à Dieu en sacrifice, mais un criminel qui ſouffroit le ſupplice au-quel il avoit été condamné. Secondement que l'intention de Jephté en vouant à Dieu de lui offrir ce qui de ſa maiſon viendroit le premier à ſa rencontre, ne peut point être de lui immoler ſa fille en holocauſte; ſoit parce que la victime d'un holocauſte de-voit être un mâle; ſoit parce que ce n'étoit point à lui, mais au ſeul grand Prêtre qu'il appartenoit d'immoler des victimes de ce gen-re. Le vrai ſens donc du vœu de Jephté, & dont le texte original eſt très-ſuſceptible eſt *Jud. ch. XI.* celui - ci. *Ce qui de ma maiſon viendra à ma rencontre, ou ſera au Seigneur, ou je l'immole-rai en holocauſte.* Et il accomplit réellement ce vœu, quoiqu'il eût pu le racheter, en con-ſacrant ſa fille pour le reſte de ſes jours au ſervice du Tabernacle du Seigneur. Voyez là-deſſus la *Diſſertation Philoſophique & Criti-que ſur le vœu de Jephté*, par M. Baër, Pro-feſſeur en l'Univerſité de Strasbourg.

L.

Inondation.

La terre eſt couverte de médailles d'une Inondation ſubite & univerſelle de la mer. Moïſe donne cette Inondation pour un exem-ple terrible des vengeances du Ciel contre la dépravation du Genre - humain au ſiecle de Noé. La Secte nouvelle de Philoſophie eſt trop plongée dans la chair & le ſang, pour entendre parler tranquillement des vengeances du Ciel contre la corruption de l'homme. Pour s'en mettre à couvert, elle cherche un afyle dans les paradoxes d'un *Telliamed*. Nous la renvoyons aux *Lettres Américaines* qui en démontrent l'abfurdité.

L I.

Jofeph.

Si l'Hiftoire du Patriarche Jofeph , ce Sauveur de l'Égypte & de fa famille , n'eft, felon notre Auteur, qu'un Conte Arabe ; la demeure des Ifraélites en Égypte, leur fortie de ce pays , les Loix qu'ils reçurent dans le défert , la conquête qu'ils firent de la terre de Chanaan , ne feront donc que des Contes Arabes ; car tous ces faits font liés indiffolublement. Mais fi ces faits ne font que des Contes Arabes ; quel fait ancien méritera donc d'être regardé autrement que comme un Conte Arabe ? Ce qui choque, fans doute, nos incrédules dans l'Hiftoire de Jofeph & des Ifraélites, ce font les prodiges que cette Hiftoire renferme. Mais comment feroit-il poffible que dans une Nation fi livrée aux fens, fe trouvât fans prodiges une Religion fi pure, tandis qu'on n'apperçoit dans la Religion de toutes les autres Nations contemporaines que la plus ftupide ignorance au fujet de la Réligion? Voyez fur les miracles opérés en faveur du Peuple Juif, les *Obfervations* fur la *Philofophie de l'Hiftoire* , chap. **XXXVIII** & fuiv.

L I I.

De la Liberté.

Est-ce férieufement que notre Philofophe nie la Liberté? Quelle vérité plus conftante par le fens intime? Car qu'eft-ce qu'on entend par Liberté? C'eft le pouvoir de vouloir & de ne pas vouloir fous la direction de la raifon les objets qui fe préfentent à notre efprit. Notre Philofophe feroit bien digne de compaffion, s'il n'avoit pas le fens intime de ce pouvoir. C'eft pour plaifanter, fans doute, qu'il confond ce pouvoir avec celui de fentir & de ne pas fentir, d'agir ou de ne pas agir dans certaines circonftances, d'entendre, par exemple, ou de ne pas entendre une batterie de canons qui frappe nos oreilles, de marcher ou de ne pas marcher quand nous fommes paralytiques. C'eft pour plaifanter encore qu'il nous réduit à vouloir néceffairement les objets dont la perception fe préfente la premiere à notre efprit, comme fi nous n'étions pas maîtres de réjetter cette perception même. Enfin ce ne peut être que pour plaifanter qu'il donne la raifon qui nous détermine, pour une caufe néceffitante, comme fi cette raifon ne tiroit pas fon plus grand poids de l'examen même libre que nous en avons fait, ou que nous en avons pu faire en la comparant à d'autres raifons. Ne lui envions point le plaifir de ne fe croire libre que comme les brutes. F iij

L I I I.

DES LOIX.

Des Loix Civiles & Ecclésiastiques.

Il ne paroît pas avoir des idées plus justes sur la Loi naturelle, que sur la Liberté. La nature nous invite bien au mariage; mais nous fait-elle un devoir de nous y engager? Dans le cas donc où un homme ne peut épouser que sa sœur, il ne prévarique pas contre la Loi naturelle, parce que cette Loi ne commande ni ne défend ces sortes de mariages; mais s'il intervient une Loi divine, qui défende ces mariages, ceux qui les contractent contre cette défense sont-ils sensés suivre la Loi naturelle? Non sans doute. En désobéissant à la Loi divine, ils manquent à la Loi naturelle. C'est aux dépositaires des Loix Civiles de juger de la critique amére qu'en fait notre Philosophe. C'est aussi aux Législateurs de juger des Loix que leur propose le même Écrivain dans la suite de cet article & dans le suivant.

L I V.

Luxe.

Se déclarer le défenseur du Luxe, & tout-à-la-fois avouer que si par Luxe l'on entend l'excès, il est condamnable; est-ce bien s'entendre soi-même? Qui a jamais entendu par

Luxe, l'ufage modéré des productions de la terre ? Ce font les dépenfes fuperflues ; c'eft la fomptuofité exceffive, foit dans les habits, foit dans les meubles, foit dans la table ; voilà ce qu'on entend & ce qu'on a toujours entendu par Luxe. Si vous l'autorifez dans un État, ceffez de vous plaindre des injufti-ces que vous y verrez regner dans toutes les conditions : il ne fera pas poffible d'y fournir par d'autres voies ; les revenus, le travail, l'induftrie, feront des moyens infuffifants.

L V.

Matiere.

Si vous demandez à un Sage, ce que c'eft que l'Ame, il vous répondra que c'eft un Etre qui a le fens intime de fa propre exif-tence. Si vous lui demandez quel eft le fu-jet de cet Être, que voulez-vous qu'il vous réponde ? Sinon qu'il ne vous entend pas. Il ne connoît point dans cet Être d'autre fujet que l'Être lui-même, revêtu de fes propriétés, & fubfiftant toujours le même fous tous les modes dont il eft affecté. Si pour être, il avoit befoin d'un fujet dont il fut diftingué ; ce fujet, pour être, n'auroit pas moins befoin d'un fujet ; ainfi à l'infini.

Si vous lui demandez ce que c'eft que Ma-tiere, il vous répondra que c'eft un être éten-du, & qu'il eft ridicule de chercher le fujet de cet être ; parce qu'il eft lui-même le fujet de toutes ses propriétés & de ses manieres d'être. Qu'est-ce, en effet, que la Matiere, sinon ce qui est le fond des corps ? Et qu'est-ce que ce fond des corps, sinon l'étendue ? C'est de ce fond que découlent toutes leurs propriétés, leur impénétrabilité, leur mobilité, leur divisibilité. C'est ce fond qui les rend susceptibles de leurs modes, du mouvement, de la figure, &c.

C'est donc abuser du terme de substance que de ne pas y attacher l'idée que présente l'Ame & la Matiere.

L'idée de la Matiere ne nous la représente que comme possible. C'est à nos sensations que nous devons la certitude que nous avons de son existence. Ce n'est donc que faute de réflexion qu'on peut imaginer la Matiere comme éternelle. L'axiome que *rien ne se fait de rien*, est vrai dans le sens que le rien ne peut être cause de rien: mais ce qui n'existe pas ne peut-il pas recevoir l'existence ? Dès que nous concevons un Être comme possible, nous concevons dès-là même une cause qui peut lui donner l'existence. Ainsi l'idée de la Matiere, qui ne nous la représente que comme possible, conduit d'elle-même à l'idée de la cause de son existence. La succession de ses manieres d'être, suffit seule pour montrer qu'elle n'est pas par elle-même; car un Être existant par lui-même est nécessairement tout ce qu'il peut être: si la Matiere a donc l'existence, c'est qu'elle la reçue. Et comment si elle ne l'avoit point reçue, auroit-elle pu être soumise à

l'action d'un autre Être? L'indépendance &
l'immutabilité font auffi inféparables d'un Être
exiftant par lui-même que l'exiftence même.
Ainfi fuppofer d'un côté la Matiere exiftante
par elle-même de toute éternité, & de l'autre
la faire dépendre, & lui faire recevoir un
nouvel arrangement d'une main étrangere;
c'eft vouloir allier des idées contradictoires.
Il faut donc ou qu'elle n'ait point reçu fon arrangement, ou qu'elle ait reçu l'exiftence.

Ainfi nos Livres faints en nous apprenant
qu'elle a reçu de Dieu fon arrangement, nous
apprennent dès-là même qu'elle a reçu l'exiftence; c'eft-à-dire, que n'étant pas, elle n'a
commencé d'être que par la puiffance de Dieu.
L'arrangement même dont la Matiere eft fuf-
ceptible réclame contre la néceffité de fon
exiftence : car d'un côté étant indifférente à
toutes fortes d'arrangements, & de l'autre ne
pouvant être fans arrangement quelconque ;
il eft clair qu'elle n'a pu recevoir un arrangement fans recevoir l'exiftence. Ce que nous
venons de dire de fon arrangement, s'appli-
que de foi-même à la configuration de fes
parties & à fon mouvement. Elle eft bien de
fa nature mobile, divifible, figurable: mais
elle n'exige pas plus par fa nature telle figure
que telle autre, le mouvement que le repos,
tel dégré de mouvement, telle direction, que
tel autre dégré, telle autre direction. Tout
cela lui vient de dehors. Cependant ne pouvant exifter fans figure, ni fans être en mouvement ou en repos, il s'enfuit qu'elle n'a pu

exister sans recevoir l'existence, aussi bien que ses figures, que son mouvement.

Que veut-on dire en concluant de ce qu'elle est perméable, qu'elle est nécessairement en mouvement? Est-ce que cette Matiere qui la traverseroit, ne seroit pas Matiere?

Il n'y a que l'Être infiniment parfait qui ait l'existence par lui-même; parce que ne pouvant avoir de cause qui pût lui donner l'existence, s'il n'étoit pas, il seroit impossible: mais la Matiere étant un Etre imparfait trouve dans l'Être parfait une cause dont elle peut recevoir l'existence.

L V I.

Méchant.

La Religion Chrétienne roule sur la nécessité de la Foi en Jésus-Christ; par conséquent sur la naissance des enfants d'Adam dans le péché: car si nous ne naissions ni pécheurs, ni malades, ni esclaves, nous n'aurions besoin ni d'un Sauveur, ni d'un Médecin, ni d'un Libérateur. Il seroit donc surprenant que les nouveaux Philosophes ennemis de la Religion Chrétienne convinssent de la naissance des *Voyez ci-dessus article* enfants d'Adam dans le péché. Les hommes, *XVI.* disent-ils, ne naissent point Méchants. Mais d'où vient donc que les hommes se défient les uns des autres, avant, pour ainsi dire, de s'être fondés mutuellement, & mis comme à l'épreuve? N'est-ce point de ce que chacun ſent en ſoi un amour ſecret qui ne cherche que ſon intérêt propre, ſoit que cet intérêt s'accorde ou non avec la vérité & avec la juſtice? En effet, qui peut nier de bonne foi qu'il n'éprouve au fond de ſon cœur l'impreſ-ſion d'un penchant ſi déréglé, qu'on appelle *cupidité, concupiſcence,* que ſaint Jean diviſe en concupiſcence de la chair, en concupiſ-cence des yeux, & orgueil de la vie, & dont il fait, pour ainſi dire, l'eſſence du monde.

I. Joan. II. 6.

Nos Philoſophes qui ſe croyent faits pour éclairer les hommes, & pour lui ſervir de mo-deles de perfection, ſe croyent-ils affranchis de cette triple concupiſcence? Ne ſentent-ils au-dedans d'eux-mêmes aucun deſir de ſortir de l'obſcurité, de l'état de baſſeſſe où la plûpart ſont nés, & de s'élever au-deſſus de leurs ſem-blables? Ne ſentent-ils aucun attrait pour les plaiſirs des ſens, & même pour ces plaiſirs bru-taux auxquels on ne peut ni penſer ſans rou-gir, ni s'abandonner ſans remords? Sont-ce là les diſpoſitions d'une nature ſaine, bonne, heureuſe?

N'en cherchez point l'origine dans une mau-vaiſe éducation: on en apperçoit les funeſtes germes dans les enfants incapables encore d'éducation. Prêtez-vous à toutes leurs petites volontés; vous n'éprouverez de leur part que douceur, careſſes, modeſtie: mais réſiſtez-leur; paroiſſez leur préférer un autre enfant; vous verrez ces petites créatures agitées de mou-vements de dépit, d'envie, de colere, de vengeance.

Les femmes, dites-vous, qui font la moitié du Genre-humain, médifent un peu de leurs voifines. Eft-ce là leur feul défaut? Suppofons-le; mais remontez à la caufe de leur médifance; vous la trouverez dans la triple concupifcence. On ne médit du prochain que pour le rabaiffer; & on ne veut le rabaiffer qu'à caufe d'une fupériorité de talents, ou de richeffes, ou de plaifirs; on les regarde donc ces talents, ces richeffes, ces plaifirs comme des avantages défirables; on les envie: la médifance ne naît donc que de l'orgueil, de l'avidité des richeffes, de l'amour des plaifirs. Cette triple concupifcence eft commune à tous les hommes, aux Régénérés comme aux Dégénérés & aux Infideles. Les premiers en reffentent les fâcheufes atteintes, la chair combat en eux contre l'efprit: mais elle ne régne pas en eux: l'amour de l'ordre qui eft maître de leur cœur, les fait triompher de fes attaques; ils gémiffent de fes honteux mouvements; ils foupirent après leur délivrance; ils pouffent des cris continuels vers leur Libérateur, fans lequel ils ne peuvent rien, mais avec lequel ils peuvent tout.

Conclure que quiconque en eft dominé, doit être regardé comme un voleur, un affaffin, une bête féroce contre laquelle on doit continuellement être en garde; c'eft mal connoître la nature de la concupifcence: fon intérêt n'eft pas de porter toujours aux derniers excès. Outre que la crainte des fupplices réfervés à une vie future, & fouvent

attachés dès cette vie au crime, lui fert fouvent de frein; elle arrive pour l'ordinaire plus
facilement à fes fins par les dehors de la modeftie, du défintéreffement, de la retenue.
Car malgré la corruption de l'homme, la vertu
attire l'admiration. On peut ne pas l'aimer en
foi; parce qu'elle ne s'allie pas toujours avec
l'intérêt propre; mais on l'aime toujours dans
les autres, parce qu'on la croit accompagnée
de droiture, incapable conféquemment de nuire.

On ne peut non plus conclure que les hommes doivent être regardés comme des voleurs
& des affaffins, de ce qu'ils font foumis à un
Être malfaifant & malheureux. Il eft vrai que par
un ordre incompréhenfible de la Juftice infinie, l'homme s'étant révolté contre cette Juftice
fut livré au pouvoir de l'Être malfaifant & malheureux qui l'avoit entraîné dans fa révolte.
Mais ce pouvoir a fes bornes; & la Juftice
même, qui y a livré l'homme, le modére felon fes deffeins adorables. De plus, il n'eft
pas de l'intérêt de cet efprit malfaifant de n'infpirer que des fureurs à ceux qu'il domine;
fouvent il leur infpire une fauffe douceur
comme un moyen plus propre à lui faire des
complices de ceux que Jéfus - Chrift lui a
arrachés.

Nous n'avons confideré jufqu'ici les fuites
de cet état miférable dans lequel naiffent les
enfants d'Adam que rélativement à leurs femblables. Combien ces fuites doivent-elles paroître plus déplorables, quand on les confidere
rélativement au Créateur ? Voyez les Nations

anciennes à l'exception de la Juive, ou ignorer cet Auteur de tous les biens, ou ne le connoître que pour le déshonnorer. Et même aujourd'hui, malgré les lumieres éclatantes de l'Évangile, combien trouve-t-on peu d'hommes qui se fassent un devoir de le connoître, qui soient touchés de ses bienfaits, qui ne cherchent qu'en lui leur bonheur? On ne peut trop ramener l'homme à cet objet essentiel. Mais n'espérez pas d'y réussir en le flattant de l'idée de son innocence, de sa santé, de sa liberté: ce seroit l'entretenir dans ses erreurs, & augmenter ses maladies.

Faites lui sentir la noblesse de son origine, la dignité de son Être, la grandeur de sa destination. Dites-lui que c'est l'Être suprême qui l'a fait, qui l'a mis à la tête de ses ouvrages, qui l'a fait pour en être connu, pour en être aimé, & pour mériter de lui être uni éternellement. Mais ne lui laissez pas oublier que s'il est né pour être Roi, il a été dépouillé du droit au trône; qu'il a été condamné à la misere, & qu'il est tombé dans l'esclavage. Consolez-le en lui montrant son Dieu comme plein de miséricorde, qui lui offre un Libérateur pour le rétablir sur le trône, pour sanctifier sa misere, pour le tirer de l'esclavage. Voyez le XVIe Art. *Tout est bien.*

L V I I.

Messie.

On trouve dans l'ancien Testament le nom de *Messie*, c'est-à-dire, *Christ & Oint*, donné à des Rois, à des Prophetes de la Nation Juive, & même à des Rois infideles.

Mais qu'ont-ils de commun avec le Messie qui étoit l'objet de l'espérance & de l'attente du Peuple Juif dans le siecle où Jésus-Christ se montra à la terre? Qu'ont-ils de commun ces Messies avec cet enfant, qui devoit naître d'une femme & écraser la tête du serpent séducteur de nos premiers Peres; avec cette race promise à Abraham, laquelle devoit être la bénédiction de la terre; avec ce fils qui devoit sortir de la Tribu de Juda & être l'attente des Nations; avec ce grand Prophete que Dieu avoit ordonné à son Peuple d'écouter sous peine d'être exterminé; avec ce fils & ce Seigneur de David, engendré dans le sein de Dieu avant l'aurore; avec ce Pontife éternel selon l'ordre de Melchisedech; avec cet Emmanuel, qui devoit naître d'une Vierge, cet admirable, ce Dieu, ce Fort, ce Pere du siecle futur: avec cet Oint du Seigneur; ce Saint des Saints, la fin des visions & des Prophetes; ce Christ par excellence, ce bras de Dieu qui devoit être méconnu; ce Roi glorieux & conquerant, & tout-à-la-fois homme de douleur, humilié & méprisé; ce Thaumaturge qui devoit rendre la vie aux morts, l'ouïe aux ſourds, la vue aux aveugles, & qui devoit ſouffrir la mort, reprendre la vie, éclairer les pauvres, être la lumiere des Nations?

Les opinions inſenſées, les erreurs pitoyables, les rêves monſtrueux des Rabbins au ſujet du Meſſie, ne peuvent ſervir qu'à rendre les Écritures mépriſables. Que démontrent leur haine & leurs calomnies contre Jéſus-Chriſt & ſa Sainte Mere? Sinon une aveugle fureur qui n'eſt pas naturelle. Que démontre cet eſprit de vertige qui les a fait courir tant de fois après des Impoſteurs? Sinon que le Meſſie eſt venu, & que Jéſus-Chriſt eſt ce Meſſie. Car, ſelon leurs Prophetes, le Meſſie devoit être pour le corps de la Nation Juive une pierre d'achoppement contre laquelle ils doivent ſe heurter & ſe briſer ; état miſérable dans lequel Jéſus-Chriſt leur avoit prédit en termes non moins clairs qu'ils tomberoient, & d'où ils ne ſortiroient, que lorſqu'enfin ils reviendroient à lui comme à leur véritable Libérateur.

L V I I I.

Métamorphoſe, Métempſycoſe.

Il n'eſt nullement naturel que les Métamorphoſes qu'on voit dans la nature, ayent fait imaginer le paſſage de l'Ame humaine d'un corps à un autre. Quel rapport y a-t-il entre le changement d'un ver en papillon, & le paſſage d'une ame d'un corps en un autre corps ? Si
donc

donc l'idée de la Métempfycofe eft un Dogme ancien dans l'Afie, qu'en peut-on conclure ? Si ce n'eft que la raifon ne préfide pas toujours à l'imagination des Peuples de cette partie du monde. Voyez les *Obfervations* fur les ch. XVII & XXIX de la *Philofophie de l'Hiftoire.* Comparer des merveilles confignées dans nos Livres Saints avec quelques vieilles traditions populaires, par exemple, le changement du corps de la femme de Lot en ftatue de fel avec le changement de Niobé en marbre, c'eft aimer bien moins la vérité que les fables.

L I X.

Miracles.

Tout eft admirable dans les ouvrages du Créateur; mais tout n'eft pas Miracle. C'eft-à-dire, tout n'eft pas un effet détaché des Loix de la Nature, & de cet enchaînement des mouvements des corps, dont les uns tiennent comme lieu de fin, les autres de moyens, les uns de caufes, les autres d'effets pour la confervation du Tout. Mais qu'eft-ce que ces Loix de la Nature? Eft-ce une force imprimée une fois aux corps, du jeu de laquelle le Créateur ne foit plus qu'un fimple fpectateur? La raifon rejette une imagination fi groffiere. Ces Loix, comme nous l'avons fait voir dans nos *Obfervations* fur le chapitre XXXIII de la *Philofophie de l'Hiftoire,* ne font aux yeux d'un Sage, que la volonté même toute puiffante du Créateur agiffant fur les corps d'une maniere uniforme &

II. Partie.   G

conſtante. On conçoit dès-là même que ſi le Créateur dans la formation de ſon plan, a voulu excepter tel effet de l'uniformité de ſon action ſur les corps; cet effet n'étant point compris dans ces Loix de la nature, n'en eſt point une violation, & par conſéquent n'eſt point contraire à leur éternité & à leur immutabilité.

Non-ſeulement nous concevons dans le Créateur la Puiſſance de produire des effets qui ne ſoient pas des ſuites des Loix de la nature. Mais de plus il eſt des ſuppoſitions où nous concevons que ſa Sageſſe & ſa Bonté pourroient exiger qu'il en produiſit.

En effet, qui pourroit penſer que le Créateur ait donné l'être à l'homme pour un autre fin que pour en être connu & adoré? Qui pourroit penſer qu'il n'ait pas pu permettre que l'homme abusât de ſa liberté, & s'écartât conſéquemment de cette fin? Or, dans cette ſuppoſition quel moyen plus ſimple, plus conforme à la nature de l'homme, que le Miracle, pour rendre l'homme prévaricateur attentif à ſon crime, & tout-à-la-fois plus docile à la voix de ſon Créateur?

Dire que le Créateur devoit prévenir ce déſordre dès le commencement, s'il l'avoit prévu, c'eſt avancer une propoſition qu'il eſt impoſſible d'étayer de la plus petite preuve. Où eſt écrit ce devoir que l'on impoſe au Créateur? Ne dira-t-on pas, au contraire, avec plus de fondement, qu'il ne devoit pas le prévenir, pour avoir occaſion de donner de nouvelles marques de bonté?

Dire encore que si le Créateur a fait des Miracles, il a dû les faire pour tous les hommes, c'est avancer encore une proposition aussi peu fondée que la premiere. Où est écrit ce nouveau devoir qu'on impose au Créateur? C'est comme si l'on prétendoit, que si le Créateur a doué l'homme d'intelligence, il a dû communiquer ce don dans le même dégré à tous les hommes. Il est souverainement maître de ses dons.

Il ne doit donc pas être question ni de la possibilité, ni de l'utilité, ni même d'une sorte de nécessité des Miracles en certaines circonstances. Il ne peut être question que de s'assurer, si le Créateur en a opérés. Le paganisme vante les siens; mais il ne les appuye d'aucune preuve. Quant à ceux que le Christianisme produit, ils sont revêtus de toutes les preuves que la raison peut désirer. Des témoins tels que MM. de l'Académie des Sciences de Paris ou de Londres, n'ajouteroient rien à la force de ces preuves; & leur témoignage ne seroit que pernicieux à un homme de la trempe de notre Philosophe, puisque, comme il le déclare, il ne serviroit qu'à lui faire admettre par le plus étrange travers d'esprit comme les Manichéens, deux principes, dont l'un défait ce que l'autre a fait.

L X.

Moïse.

On ne trouve pas ici moins de mauvaife humeur contre Moïfe que dans le chap. XL. de la
Philofophie de l'Hiftoire. On ne veut pas qu'il foit
l'Auteur du Pentateuque, parce que, dit-on,
le premier exemplaire connu de cet ouvrage
fut trouvé du temps de Jofias près de huit
cent ans après Moïfe; parce que, dit-on encore, cet ouvrage ne fut connu qu'après le
retour de la captivité, & que ce fut Efdras
qui le mit en lumiere; parce que, ajoute-t-on,
aucun Prophete n'attribue ce Livre à Moïfe;
& qu'il n'eft cité ni dans les Pfeaumes, ni dans
aucuns Livres canoniques.

Mais la Loi de Moïfe étoit-elle inconnue
au pieux Jofias, avant qu'on lui apportât l'exemplaire original de cette fainte Loi? Elle faifoit
fes délices. Si après la lecture qu'il en entendit,
il fut effrayé des menaces qu'elle contenoit,
comment envifagea-t-il les malheurs arrivés à
fes Peres? Ne les regarda-t-il pas comme une
fuite de ces mêmes menaces, parce qu'ils les
avoient attirées fur leurs têtes, non certes par
l'ignorance, mais par la tranfgreffion de cette
fainte Loi.

Ce ne fut pas d'Efdras que Zorobabel,
les Prêtres, les Lévites & le Peuple, ap-
prirent la Loi de Moïfe. Ils y conformoient
leur conduite à Jérufalem avant le retour

du Prêtre Esdras : & quand ce Docteur dans la suite en fit lecture au Peuple assemblé, cette Loi ne parut au Peuple ni comme nouvelle, ni comme inconnue.

A quelle Loi les Prophetes rappellent-ils sans cesse le Peuple Juif? N'est-ce pas à la Loi de Moïse? Le Pentateuque n'est cité, dit-on, ni dans les Pseaumes, ni dans aucuns Livres canoniques. Mais n'y est-il pas cité sous le nom de la Loi? N'est-ce pas à ce Livre qu'on y fait une perpétuelle allusion? Les Pseaumes ne font-ils pas un abrégé des principaux faits historiques, des préceptes moraux & des Loix cérémonielles que renferme ce Livre? *

On demande en quelle langue eût écrit Moïse, & sur quoi dans un désert?

Pourquoi n'eut-il pas écrit dans la langue de ses Peres? Est-ce que les enfants de Jacob réunis dans une même terre, & ne formant, pour ainsi dire, qu'une seule & même famille, pouvoient avoir oublié la langue paternelle? Pourquoi Moïse n'auroit-il pas écrit ou sur l'écorce de la Plante appellée *Papyrus*, ou sur d'autres écorces d'arbres, ou sur des pierres polies, ou sur des tablettes enduites de cire, ou même sur le vélin. Moïse étoit savant; & il y avoit

---

* *N. D. C.* En un mot, il faut avoir un front qui ne sçait pas rougir, pour avancer avec cette impudence, que Moïse *n'est cité ni dans les Pseaumes, ni dans aucuns Livres canoniques :* il est, au contraire, cité & dans les Pseaumes & dans tous les Livres canoniques comme Ecrivain & Promulgateur de la Loi de Dieu : on peut s'en assurer dans un clin d'œil par la concordance de la Bible au mot *Moïses.*

[Library stamp: BIBLIOTHEQUE ROYALE]

des hommes habiles dans les arts parmi les Iſraélites. Ce n'eſt pas faute d'ouvriers & de moyens que les Iſraélites dans le déſert n'eurent beſoin ni d'habits, ni de ſouliers. La Providence ſe chargea d'entretenir leurs vêtements, de même que de leur fournir des aliments. Pour nier que le Tabernacle fut conſtruit dans le déſert, il faut rejetter toute l'Hiſtoire du Peuple Juif, ſous Joſué, ſous les Juges, ſous les Rois, de même que ſous Moïſe.

Où eſt dans nos Livres ſaints la défenſe pour les jeunes gens de lire le premier chapitre de la Geneſe ? Si cette défenſe, comme nous en aſſurent quelques Peres de l'Egliſe, avoit lieu parmi les Juifs de leur temps, elle n'avoit pas certainement pour fondement la deſcription que donne Moïſe de l'origine de l'Univers. Elle étoit ſans doute fondée ſur la crainte que les jeunes gens imaginaſſent pluſieurs Dieux, en voyant que Moïſe ſe ſert du nombre pluriel, en parlant, ſoit du Créateur du monde, ſoit du Formateur de l'homme. C'eſt un qui crée le Ciel & la Terre, *Bara* ; mais cet un eſt pluſieurs, *Héloim*. C'eſt Dieu qui forme l'homme à ſon image, à ſa reſſemblance ; mais ce Dieu eſt pluſieurs : *faiſons*, dit-il, *l'homme à notre image & à notre reſſemblance*. Et après la chûte du premier homme, Moïſe fait dire encore à Dieu ; Adam *eſt devenu comme l'un de nous*. Ce langage ou ſemblable ou équivalent eſt familier à Moïſe & aux Prophetes. L'unique & le vrai dénouement de ces expreſſions, eſt le Myſtere de la

Trinité, un Dieu en trois Personnes. Qui peut douter que ce Myftere ineffable n'ait été connu de Moïfe, des faints Patriarches qui l'avoient précédé, des juftes qui fuivirent, appliqués à méditer la Loi, les Pfeaumes, les Prophetes ? Mais Jéfus-Chrift devoit en rendre populaire la connoiffance ; auffi bien que celle de tant d'autres vérités fur la nature de Dieu, fur fa propre nature, fur la nature de l'homme, fur nos devoirs, fur une vie future : parce que le corps des vrais Adorateurs de la Majefté fuprême, devoit être plus nombreux après, qu'avant fa manifeftation, & l'accompliffement de fes Myfteres.

Nous avons déja vu la puérilité de la contradiction objectée entre Moïfe & Ezéchiel. *Voyez Art.* XXXVII. D'Ezechiel.

Qu'y a-t-il d'étonnant que Moïfe éclairé fur les divers événements qui devoient arriver à fon Peuple dans la fuite des fiecles, ait donné à des Villes des noms qu'elles devoient porter ? Qu'il ait affigné pour les Lévites un certain nombre de Villes dont fon Peuple devoit s'emparer dans la terre de Chanaan ? Qu'il ait prefcrit des Loix pour les Rois, que le Seigneur accorderoit un jour à la priere de fon Peuple, fuivant la promeffe faite à Jacob par le Seigneur Tout-puiffant, que des Rois *Gen.* XXXV. 11. fortiroient de lui. On peut voir par les *Obfervations* fur le chapitre XL de la *Philofophie de l'Hiftoire*, combien font infenfés les reproches que l'on fuppofe ici qu'auroient faits à Moïfe les enfants des Juifs morts dans le défert, fi ce faint homme étoit l'Auteur du Pentateuque.

Nous convenons volontiers que la plûpart de ces reproches auroient été très-légitimes, si les enfants des Juifs morts dans le défert euffent pu imputer à Moïfe & non à Dieu même, la fin tragique de leurs Peres. Mais pouvoient-ils fe croire en droit de ne pas imputer à Dieu même cette fin tragique, fi Moïfe n'étoit à leurs yeux que le Miniftre de l'Être fuprême, le porteur & l'exécuteur de fes ordres? Et pouvoient-ils s'en former une autre idée, s'ils avoient vu tant de prodiges dont l'Être fuprême avoit autorifé fon miniftere? Or, que les enfants des Juifs morts dans le défert ayent eu cette idée de Moïfe, la preuve s'offre d'elle-même. Voyez avec quelle affurance ils comptent fur la promeffe qu'il leur fait d'être bientôt mis en poffeffion de la terre de Chanaan: voyez avec quelle docilité ils reçoivent celui qu'il leur a défigné pour fon fucceffeur: voyez avec quelle confiance ils marchent fous les étendarts de ce nouveau chef: voyez avec quelle valeur ils combattent fous fes ordres: voyez avec quelle conftance ils retiennent les Loix de Moïfe dans tous les temps de la durée de leur République, au milieu même de leurs plus grands égarements, dans le temps même de leur longue captivité à Babylone. Notre Philofophe n'écrit que contre Moïfe; & ce qu'il y a de fingulier, c'eft que ce qui fort de fa plume, quand on y réflechit, prouve tout pour Moïfe.

De plus, comment ne fent-il point, que fi les enfants des Juifs morts dans le défert avoient pu faire à Moïse les reproches qu'il leur prête dans le cas que le Pentateuque fût de sa main, les enfants de ces enfants auroient pu faire les mêmes reproches à Moïse dans quelque temps qu'un faussaire leur eût présenté le Pentateuque sous le nom de Moïse. Delà il suit évidemment que si Moïse ne pouvoit pas être l'Auteur du Pentateuque, jamais cet ouvrage n'auroit pu avoir d'auteur parmi les Juifs. Mais l'exécution des promesses & des menaces renfermées dans le Pentateuque, présentoit aux Juifs de tous les temps depuis la mort de Moïse, une démonstration aussi évidente, & de la vérité du Pentateuque, & de la Mission divine de son Auteur, que la démonstration des mêmes faits fondée sur les prodiges, dont avoient été témoins les enfants des Juifs morts dans le désert.

L X I.

Patrie.

Nous ne suivons pas notre Philosophe dans ses réflexions sur la Patrie. Nous nous contentons d'en faire une seule sur ce sujet. Un homme qui persuadé que c'est la Providence qui nous fait naître de telle famille, dans tel pays, sous tel Gouvernement, aime cette famille, travaille au bonheur de son pays, se soumet aux Puissances qui le gouvernent, régle sa vie sur ses Loix. C'est là, ce semble, ce qu'on doit appeller un bon & raisonnable Patriote.

L X I I.

Pierre.

Cet article n'eſt qu'un tiſſu de plaiſanterie; pitoyable reſſource, mais unique, quand on manque de raiſons. Que ſaint Pierre toujours mis par les Évangéliſtes à la tête du College Apoſtolique, ait été à Rome; qu'il ſoit le Fondateur de cette Egliſe; qu'il y ait établi ſa Chaire, & l'ait arroſée de ſon ſang; que cette Chaire ait toujours été regardée comme le centre de l'unité eccléſiaſtique; que ſes Succeſſeurs ayent toujours été regardés comme les Chefs viſibles des enfants de Dieu, ce ſont des faits dont on ne peut douter ſans renoncer à toute certitude hiſtorique, parce qu'il n'eſt point de faits dans l'antiquité, qui ſoient appuyés d'une tradition plus conſtante & plus uniforme, & au ſujet deſquels les Anciens, les Ignace, les Papias, les Irenée, les Tertullien, les Cyprien, les Clément, les Origene, les Euſebe, &c. qui leur rendent témoignage, ayent pu moins être expoſés à l'erreur. Car ces faits devoient être publics de leur temps, connus, célébres, intéreſſants, ſimples, de la plus grande conſéquence pour la Religion & pour la Diſcipline de l'Egliſe. Auſſi nulle variation dans ces anciens témoins au ſujet de ces faits eſſentiels, quoiqu'ils ne ſoient pas d'accord ſur quelques circonſtances peu importantes.

Que parmi les Succeffeurs de faint Pierre, il y ait eu des hommes ambitieux, avares, voluptueux, fanguinaires, cruels : qu'en conclure ? Que tous les Evêques de Rome en fuccédant à l'autorité de faint Pierre, n'ont pas fuccédé à fa Sainteté. Nous l'avouons en gémiffant.

L'Eglife de Rome eft le centre de l'unité des enfants de Dieu : elle ouvre fon fein à tous les Habitants de la terre, & les invite à la grace dont elle eft la dépofitaire avec toutes les Eglifes qui lui font unies. S'il n'y a qu'un petit nombre de Sages qui ouvrent les oreilles à cette voix falutaire : c'eft que fur la terre il n'y a qu'un petit nombre d'enfants de Dieu.

On peut voir là-deffus les ouvrages de nos Controverfiftes.

Nous ne nous arrêtons pas aux reproches que faint Paul fit à faint Pierre à Antioche au fujet de fa conduite à l'égard des Juifs, nous avons vu ailleurs ce qu'il faut en penfer. Saint Paul fentoit toutes les conféquences qui pouvoient réfulter de cette conduite de faint Pierre pour les Gentils, & faint Pierre ne les fentoit pas : voilà la faute.

Voyez Art. xxix Christia-nisme, *pag.* 51.

Si cet Apôtre méritoit le reproche que lui fit faint Paul en cette occafion ; n'y a-t-il pas de l'injuftice à lui en faire au fujet de la mort d'Ananie & de Saphire ? Il convainc de menfonge ces deux hypocrites, & c'eft Dieu, & non faint Pierre, qui punit de mort ces deux menteurs.

L X I I I.

Préjugé.

On voit dans cet article les Préjugés de notre Auteur contre la Religion. Sans des Préjugés de ce genre, pourroit-il traiter de Préjugé, par exemple, toutes les leçons reçues par les enfants sur la Religion? Une leçon reçue sans motif raisonnable, est sans doute un Préjugé. Mais les enfans, dès que la raison commence à se faire appercevoir en eux, sont-ils incapables de sentir jusqu'à un certain point les motifs sur lesquels sont fondées les notions qu'on leur donne des vérités de la Religion? Il est des motifs à leur portée pour croire l'existence d'un Dieu. Il en est qui ne font pas moins à leur portée, pour les persuader, que les vérités contenues dans les Catéchismes viennent de Dieu. Car, ce semble, il n'est pas plus difficile de les faire rémonter de leur Pasteur particulier à tous les Pasteurs de l'Eglise, que de les faire remonter des Juges de leur Ville à tous les Juges de l'État dans lequel ils vivent : par conséquent de leur persuader par l'autorité des Pasteurs de l'Eglise, que les vérités contenues dans leur Catéchisme viennent de Dieu, comme de leur persuader par l'autorité des Juges, que les Loix de leur Ville viennent du Roi ou des autres Puissances qui gouvernent l'État.

Un autre exemple de Préjugé de notre Auteur contre la Religion, est son inscription en faux contre le motif de la conversion de Clovis. Il ne lui paroît pas naturel que ce Prince ait reclamé la Puissance du Dieu des Chrétiens à la bataille de Tolbiac, au lieu de réclamer celle de ses Dieux. Quoi de plus naturel, au contraire, que ce Prince ait reclamé dans cette occasion la Puissance du Dieu, dont la Reine Clotilde lui avoit donné une idée si grande & tout-à-la-fois si raisonnable! Le parti que prit le Prince de se faire instruire de la Religion Chrétienne & de l'embrasser, est une bonne preuve de la vérité de son recours au Dieu des Chrétiens. Non, dit-on: c'est pour mieux gouverner ses sujets qui étoient Chrétiens, qu'il se fit Chrétien. Mais les Francs qui étoient la force de son armée, étoient-ils Chrétiens? Ils ne le devinrent qu'à son exemple. Nous ne pousserons pas plus loin là-dessus nos réflexions. La vérité de notre Religion est trop démontrée pour avoir besoin d'être justifiée de l'indigne parallele qu'on insinue ici entre elle & toutes les autres Religions de la terre.

L X I V.

Religion.

Dans cet article divisé en sept questions. Notre Philosophe ne manifeste pas moins de passion contre le Christianisme que dans l'article XXIX.

I « La Loi ancienne, dit-il, n'est pas fon-» dée sur le dogme d'une vie future ».

On n'en peut rien conclure contre la Divinité de cette Loi. Nous avons vu, dans les *Obſervations* ſur le chapitre XXV, & ſur le XL n. 6 de la *Philoſophie de l'Hiſtoire*, que les promeſſes & les ménaces temporelles qui y étoient attachées, en étoient une preuve d'une toute autre force. Le Peuple Juif ne pouvoit ignorer le dogme d'une vie future. Ce dogme de la tradition primitive étant connu & de la Nation Chaldéenne d'où le Peuple étoit ſorti, & de la Nation Égyptienne au milieu de laquelle il avoit vécu plus de deux ſiecles, il s'agiſſoit d'inculquer à ce Peuple deux vérités eſſentielles, ſans leſquelles on ne peut eſpérer de parvenir au bonheur après cette vie. Ces deux vérités, principes de la Religion véritable, étoient l'Unité d'un Dieu Créateur du Ciel & de la terre ſeul digne d'être adoré, & la promeſſe du Libérateur par lequel ſeul, Dieu peut être adoré. De ces deux vérités, la derniere paroît avoir été entiérement oubliée des anciennes Nations, & la premiere étrangement défigurée par le Polythéiſme chez toutes les anciennes Nations, ſi elle n'y étoit pas entiérement oubliée. Il s'agiſſoit donc de forcer en quelque ſorte le Peuple Juif, de ne jamais perdre de vue ces deux grandes vérités. Or, nul moyen plus propre à produire un tel effet que des promeſſes & des ménaces temporelles ſuivies de l'exécution: car ou elles l'empêchoient de les abandonner ; ou elles l'y ramenoient comme néceſſairement, quand il les avoit abandonnées. Heureux effet,

que la croyance d'une vie future ne produisoit
pas chez les anciennes Nations, & qu'elle n'eût
pas produit chez le Peuple Juif.

Ces courtes remarques font sentir la futi-
lité de ce qu'on ajoute : « ou Moïse connois-
» soit ce dogme, & alors il aura trompé les
» Juifs en ne le manifestant pas ; ou il l'igno-
» roit, & en ce cas il n'en savoit pas assez
» pour fonder une bonne Religion ».

Le Peuple Juif ne pouvant ignorer le dogme d'une vie future, il n'étoit pas nécessaire
que Moïse lui rappellât en termes clairs ce
dogme : mais il falloit pour fonder une bonne
Religion, qu'il lui rappellât la Religion primitive de l'homme, méconnue des Nations de
son temps ; & qu'il lui donnât des Loix dont
l'observation pût lui rendre salutaire le dogme
d'une vie future. Voilà ce qu'a fait Moïse :
ce n'est point une nouvelle Religion qu'il établit, ni une Religion qui dût être abolie :
c'est la Religion de tous les temps & pour
tous les lieux, qui, comme la lumiere du soleil,
est destinée à éclairer quiconque ne refuse pas
de lui ouvrir les yeux. C'est cette lumiere
dont Dieu avoit éclairé les Peres de l'ancien
& du nouveau monde, que Moïse tire de
l'obscurcissement, où elle étoit tombée par les
ténébres que lui avoient préférées les Nations,
pour la propager jusqu'à Jésus-Christ, le vrai
Soleil de Justice, qui devoit la faire éclater de
telle maniere, qu'il n'y eût que des aveugles
volontaires qui pussent la rejetter.

II « Un profond Métaphysicien, dit-on,

» a prouvé que le Polythéifme a été la pre-
» miere Religion des hommes, & qu'on a
» commencé à croire plufieurs Dieux, avant
» que la raifon fût affez éclairée pour ne re-
» connoître qu'un feul Être fuprême ».

S'il étoit poffible de prouver un tel paradoxe, il n'en eft point qui ne pût être prouvé. Car il eft abfurde de penfer que le premier homme foit forti de la main d'une Sageffe infinie, fans être deftiné à une fin ; par
conféquent fans en recevoir la connoiffance
& l'amour : cela nous paroît être de la derniere évidence. Il eft contradictoire qu'une
Sageffe infinie produife un ouvrage fans fe
propofer une fin. Il eft contradictoire qu'une
Sageffe infinie produife un ouvrage tel que
l'homme, capable de connoître & d'aimer, pour
une autre fin que pour en être connue & ai-
mée. Il n'eft pas moins contradictoire que le
produifant pour cette fin, elle ne fe faffe pas
connoître à lui, & ne s'en faffe pas aimer.

Dira-t-on qu'il reçut dans ce premier inftant quelque connoiffance & quelque vouloir,
dont fon Créateur n'étoit pas l'objet? Mais
ce feroit faire fortir des mains du Créateur
l'homme dans le défordre. Car point de connoiffance & point d'amour fans objet: or, nul
milieu entre Dieu & la créature ; donc fuppofer le premier homme connoiffant & aimant
un autre objet que Dieu, ce feroit le fuppofer connoiffant & aimant la créature ; par
conféquent avec un amour contraire à la fin de
fa création ; par conféquent dans le défordre.

Notre

Notre Philofophe ne paroît pas être du fentiment, dont nous venons de voir la fauffeté. Il penfe « qu'on a commencé par connoître un » feul Dieu, & qu'enfuite la foibleffe humaine » en a adopté plufieurs ».

Mais quelle origine donne-t-il à cette premiere croyance d'un feul Dieu ? Nous l'avons vu dans la *Philofophie de l'Hiftoire*, chap. V : c'eft la crainte de quelque bourgade, laquelle ou effrayée du tonnerre, ou affligée de la perte de fes moiffons, ou maltraitée par la bourgade voifine, aura reconnu quelque Puiffance fupérieure qui faifoit du bien & du mal. On ne peut attribuer une femblable origine à l'idée de Dieu, que dans la fuppofition, que le premier homme a été créé dans l'état d'une ftupide enfance, fans aucune connoiffance de l'Auteur de fon Être. Car il eft fenfible, que fi le premier homme a été créé avec la connoiffance de Dieu, il aura communiqué cette connoiffance à fes enfants ; & que ceux-ci l'auront tranfmife à leurs enfants, fans que jamais elle ait pu être entiérement effacée de l'efprit de l'homme : & c'eft ce que nous apprend l'Hiftoire du Genre humain.

Cependant on ne fauroit difconvenir qu'à la honte de la raifon une idée fi naturelle n'ait été bientôt étrangement obfcurcie. Peut-être Noé, le pere du nouveau monde, fut-il témoin du Polythéifme qui s'introduifit parmi un grand nombre de fes defcendants. Comment purent-ils tomber dans une erreur fi groffiere ? Il eft à préfumer, que de faux raifonneurs livrés à

II. Partie.　　　　　　　　　　　　H

leur fens & à leur imagination, voulurent
fe repréfenter fous quelqu'image l'Auteur de
l'Univers ; & que ne pouvant y réuffir, ils
conclurent que l'Auteur de l'Univers, fi au-
deffus de leurs penfées, étoit trop grand pour
prendre foin de fa conduite, & qu'il en avoit
chargé des êtres inférieurs, en affignant à
chacun fon département.

De telles fictions, & de tels êtres inférieurs
qu'on pouvoit fe repréfenter fous quelques
images, trouverent un facile accès dans les
imaginations. Toutes les parties de l'Univers
fe trouverent donc remplies de ces Dieux inférieurs : chaque Bourgade , chaque Ville,
chaque Famille voulut avoir le fien : on les
craignit : on les invoqua : on leur offrit des
facrifices, ou pour mériter leur protection,
ou pour calmer leur couroux. Ainfi tout fut
adoré, excepté le Dieu Créateur, Conferva-
teur, Vengeur du crime, & Remunérateur de la
vertu. C'eft ainfi que la Terre feroit demeurée
fans l'idée du Dieu véritable, fi lui-même n'avoit
daigné perpétuer fon idée dans la famille d'A-
braham jufqu'à Jéfus-Chrift, & par Jéfus-
Chrift jufqu'à nous.

N'exceptons pas de cet égarement univerfel tous ces prétendus Sages, qu'on dit avoir
connu un Être fuprême. En effet l'avoir foumis
au deftin, & lui avoir affocié la matiere dans la
fabrique de l'Univers, étoit-ce avoir une idée
bien faine de l'Être fuprême? S'unir au Peuple dans le culte qu'il rendoit à fes Divinités
chimériques, étoit-ce adorer en efprit & en
vérité le Dieu fuprême?

Nous ne répéterons point.ici ce que nous avons dit ailleurs au fujet du difcours de Jephté aux Moabites:c'eft être trop fimple,pour ne rien dire de plus , que de prendre ce difcours autrement, que comme un argument *ad hominem.*

Voy. Obferv. fur la Philof. de l'Hiftoire. Chap. V. pag. 20.

III « C'eft dans ce temps , pourfuit-on, que » le culte d'un Dieu fuprême étoit univerfel- » lement établi chez tous les Sages en Afie, » en Europe & en Afrique , que la Religion » Chrétienne prit naiffance ».

Mais quelle étoit l'idée qu'avoient d'un Être fuprême tous ces Sages qui reconnoiffoient une Religion? Étoit - ce l'idée d'un Être feul éternel, tout - puiffant, libre, fimple, faint, jufte? Infatués du principe que *rien ne fe fait de rien,* ils faifoient de la matiere un Être qui lui étoit co-éternel. Ils n'accordoient à fa Puiffance, que l'arrangement de cette matiere dans les corps dont l'Univers eft l'affemblage. S'ils lui donnoient quelque part aux événemens du monde , ils l'affujettiffoient à un Deftin aveugle. S'ils ne le confondoient pas avec les corps, ils le regardoient comme en étant l'ame qui les vivifioit, & qui les animoit; ou s'ils le diftinguoient des ames qui animoient les corps, ils faifoient de celles-ci des parties émanées de cet Être, comme de leur Tout, lefquelles devoient s'y réunir néceffairement après leur féparation d'avec les corps.

Quelle incompatibilité pouvoit avoir avec tout défaut un Être ainfi compofé de parties fujettes à tant de vices? Quelle Juftice pouvoit exercer un tel Être contre des ames,

H ij

leſquelles étant ſes parties, n'étoient criminelles, que parce qu'elles avoient été unies à
la Matiere imparfaite de ſa nature? Mais quel
culte rendoient ces Sages à l'Être ſuprême?
Avoient-ils des Autels érigés en ſon honneur?
Faiſoient-ils profeſſion ouverte de l'invoquer,
& de lui offrir des ſacrifices? Non: c'étoit
dans un ſecret inacceſſible au Peuple, que cés
prétendus Sages adoroient l'Être ſuprême, tel
que nous venons de voir qu'ils ſe le figuroient.
Quant au culte public, ils ſuivoient le Cérémonial établi: ils ſe proſternoient devant les
Simulacres, où le Peuple croyoit que réſidoient
les Dieux.

« C'eſt dans ce temps-là, dit-on, que le
» Chriſtianiſme prit naiſſance ». Étoit-il bien favorable ce temps à ſon établiſſement? Quelle
oppoſition ne dût-il pas avoir à eſſuyer &
de la part des prétendus Sages & de la part
des Peuples? Il proſcrivoit toutes les erreurs &
toutes les ſuperſtitions abominables des uns &
des autres. Il montroit aux Sages un Dieu qui
avoit tout tiré du néant par ſa Puiſſance, &
qui avoit tout arrangé par ſa Sageſſe, qui diſpo-
ſoit de tout par ſa Providence, qui étoit infiniment ſupérieur à ſon ouvrage, infiniment
indépendant auſſi bien que diſtingué & des
corps & des eſprits, auxquels il avoit donné
l'être, infiniment ſaint, infiniment juſte, qui
ne pouvoit manquer de punir & de récom-
penſer ſes créatures libres, ſelon le bon ou
le mauvais uſage qu'elles auroient fait de leur
liberté. Il montroit aux Peuples qu'il n'y

avoit qu'un Dieu ; qu'ils étoient fon ouvrage ; qu'ils devoient l'adorer feul ; que les Dieux
qu'ils craignoient, qu'ils invoquoient, auxquels ils immoloient des victimes, n'étoient
que des efprits malfaifants, ennemis & du
Dieu véritable & de leur bonheur ; qu'il étoit
temps de fortir de leurs égarements, & de revenir au Dieu vivant & véritable ; que l'unique moyen qui leur reftoit de fléchir fa juftice, & d'éviter les châtiments préparés à leurs
crimes, c'étoit de croire en Jéfus-Chrift comme au Fils unique de Dieu, qui avoit bien voulu fe revêtir de notre Nature paffible, & la
facrifier fur la Croix à la Juftice de fon Pere,
pour leur obtenir miféricorde ; pour réparer
les outrages, qu'ils avoient faits à fa fuprême
Sainteté, en proftituant aux Démons un culte
qui n'étoit dû qu'à lui feul ; pour les délivrer
de la tyrannie de ces injuftes ufurpateurs ;
enfin pour leur mériter après la vie préfente
une éternelle félicité.

« Le Platonifme, continue-t-on, aida beau-
» coup à l'intelligence des Dogmes du Chrif-
» tianifme. Le *Logos*, qui chez Platon fignifioit
» la Sageffe, la Raifon de l'Être fuprême, devint
» chez nous le Verbe, & une feconde Perfon-
» ne de Dieu ».

Eft-ce férieufement qu'on peut avancer un
tel paradoxe ? Les premiers Difciples de Jéfus-
Chrift étoient-ils Platoniciens ? Ceux qui em-
brafferent les vérités qu'ils annonçoient, étoient-
ils verfés dans les Écrits de Platon ? Découvre-t-on quelques veftiges des idées de ce

H iij

Philofophe dans les Apôtres, dans les Clément, dans les Ignace, dans les Polycarpe?
Y découvre-t-on quelque rapport du premier
Dogme de leur Foi, le Myftere ineffable d'un
Dieu Pere, Fils, & Saint-Efprit, avec la Trinité
monftrueufe du Philofophe Grec, compofée de
Dieu, de la Matiere co-éternelle à Dieu, & de
l'Ame du monde répandue par-tout, animant
tout, produite néanmoins avec le monde? Joi-
gnoient-ils encore, avec le même Philofophe, à
leur Myftere ineffable d'autres Dieux, le foleil,
la lune, les aftres, la terre, foit en les croyant
émanés néceffairement de Dieu comme des
parties d'un tout, foit en les croyant animés
par l'ame du monde ?

En vain pour trouver plus de rapport entre
le Myftere des Chrétiens & la Trinité de
Platon, voudroit-on faire confifter la Trinité
imaginée par ce Philofophe dans un premier
Être, la Matiere mife en ordre par cet Être,
& l'Ame du monde. Selon les Chrétiens, Dieu
le Pere eft Créateur de la Matiere, le Fils,
la fplendeur de la gloire de fon Pere & le caractere de fa fubftance, eft avec le Pere & le
Saint - Efprit, qui procéde éternellement du
Pere & du Fils, Créateur de la Matiere, de
même que de toutes les intelligences qui
exiftent.

Il y eut fans doute du temps des Apôtres,
ou peu de temps après, des hommes imbus
des chimeres de l'École Platonicienne, qui em-
brafferent le Chriftianifme, frappés de l'éclat
des preuves de fa Divinité, mais trop peu

raisonnables pour s'en tenir à la simplicité auguste de ses Dogmes.

Le système des émanations étoit trop cher à un Valentin, pour ne pas sacrifier nos Mysteres à ses Eons. Les Gnostiques, autres illuminés, se croyoient en possession de bien plus hautes & de plus sublimes connoissances. Les Marcionites, &c. donnoient dans d'autres visions aussi misérables. Mais tous ces visionnaires Platoniciens, bien loin de contribuer à l'établissement de l'Évangile, l'auroient renversé de fond en comble, ou du moins l'auroient couvert & rempli de fables, sans l'opposition des vrais Disciples des Apôtres, inviolablement attachés à la Doctrine qu'ils en avoient reçue.

Qu'a de commun le *Verbe*, le *Logos* des Chrétiens, Fils d'un Pere qui est Dieu, Dieu lui-même, éternellement en Dieu & avec Dieu, par lequel tout a été fait, & sans lequel rien de ce qui est n'a été fait ; qu'a, dis-je, de commun ce *Logos* des Chrétiens avec le *Logos* de Platon, ces idées archétypes du monde? Qui ne voit, que dans le Philosophe Grec, le *Logos* n'a pas pour principe l'Intelligence qui préside à la formation du monde ; mais qu'il n'en est qu'une perfection, ou plutôt que ce terme n'est employé, que pour servir de développement à l'idée de l'Intelligence.

Il seroit encore plus ridicule de chercher le Mystere des Chrétiens dans les idées monstrueuses des nouveaux Platoniciens. En effet de quelles piéces ces Philosophes formoient-ils leur

Trinité? 1º D'un Principe fans intelligence &
fans volonté, duquel tout émane par néceffité,
& auquel tout doit fe réunir par la même
néceffité : 2º d'un Entendement divin produit
par ce principe fans le favoir & fans le vouloir : 3º d'une Ame produite par l'Entendement,
laquelle donnoit à tout l'activité & la vie, Ame
du monde par-tout agiffante, & en une infinité de lieux ignorante, fouffrante, criminelle,
divifée en une infinité de parcelles, qui deve-
noient autant d'ames particulieres, condamnées à animer des corps durant un certain
temps, après lequel elles retournoient à leur
principe. Eft-ce donc là la Trinité du Chriftianifme ? Ne faut-il donc pas être incapable
de tout fentiment de pudeur, pour foupçonner les Chrétiens des trois premiers fiecles,
d'avoir emprunté leur premier Myftere ineffable des fictions platoniciennes ?

Ne nous laffons pas d'entendre notre Philofophe : il pourfuit ainfi. « Une Métaphyfique
» profonde & au-deffus de l'intelligence humai-
» ne fut un fanctuaire inacceffible dans lequel
» la Religion fut enveloppée. On ne répétera
» point ici, comment Marie fut déclarée dans la
» fuite mere de Dieu, comment on établit la
» Confubftantialité du Pere & du Verbe, &
» la Proceffion du *Pneuma*, organe du divin
» *Logos*, deux natures, & deux volontés ré-
» fultantes de l'Hypoftafe, & enfin la mandu-
» cation fupérieure, l'ame nourrie ainfi que
» le corps des membres & du fang de l'Homme
» Dieu, adoré & mangé fous la forme du

» pain préfent aux yeux, fenfible au goût ,
» & cependant anéanti. Tous les Myfteres
» ont été fublimes ».

On attaque ici notre Religion par l'endroit
qui doit nous la rendre plus chere & plus
augufte. Car de quelle utilité feroit pour nous
que Dieu eût daigné nous faire entendre fa
voix par Jéfus-Chrift, s'il ne nous eût rien dit
de fon Être & de fes Perfections? Mais a-t-il
pu nous parler de fon Être & de fes Perfections, fans dès - là même nous préfenter des
objets fupérieurs à la foibleffe de nos intelligences? Il eft l'Infini, & nos intelligences font
finies & limitées. Nous pouvons croire tout
ce qu'il nous dit : pourrions - nous faire un
meilleur ufage de notre raifon ? Il eft la vérité qui ne fauroit nous tromper ; & lui feul
peut nous apprendre ce qu'il eft.

Que veut-on nous faire entendre, par ce qu'on
ajoute fur les autres Myfteres qui ont Jéfus-
Chrift pour objet? Seroit-ce que ces Myfteres auroient été inconnus aux premiers Prédicateurs
de l'Évangile, & qu'ils furent dans la fuite inven-
tés par les Chrétiens? Quel menfonge! Il ne faut
pour en fentir toute l'abfurdité , qu'ouvrir les
Évangiles, les actes, les Épîtres des Apôtres.
Ce qu'on y voit de mieux inculqué , c'eft la
Filiation divine de Jéfus-Chrift ; c'eft fa Confubftantialité avec fon Pere felon fa Nature divine ; c'eft la maternité divine de fa Mere ;
c'eft la Proceffion du Saint-Efprit ; c'eft encore
l'union de la Nature divine & de la Nature
humaine en Jéfus - Chrift avec l'unité d'une

Perfonne; ce font deux Volontés, la Volonté divine propre à la Nature divine, la Volonté humaine propre à la Nature humaine; c'eft enfin l'inftitution du Sacrement de fon Corps & de fon Sang, pour être la nourriture des enfants de fon Eglife. Tel fut le Symbole des Apôtres & de leurs premiers Difciples. Si dans la fuite des hommes fuperbes voulurent y donner atteinte, leur attentat facrilege ne fervit, qu'à fournir à l'Eglife l'occafion de le profeffer plus hautement & plus clairement.

Et certes, pourquoi Jéfus-Chrift a-t-il paru fur la terre? N'eft-ce pas pour être notre Libérateur felon la promeffe que Dieu en avoit faite au premier homme après fa chûte? Mais fans tous ces attributs, pourroit-il être notre Libérateur? S'il n'étoit pas le Fils de Dieu confubftantiel à fon Pere, quelque jufte qu'on le fuppofât, le prix de fon fang n'auroit plus de proportion avec l'éternité du châtiment que méritoit le crime du premier homme, & que méritoient les nôtres. S'il n'y avoit point en lui une Nature humaine, mais feulement une Nature divine, il n'auroit pu s'offrir en facrifice pour nous à la Juftice de fon Pere, la Nature divine ne pouvant être facrifiée. S'il y avoit en lui une Perfonne humaine, & non la feule Perfonne divine, quel mérite pourroit tirer fon facrifice de la Perfonne humaine? Si la Nature humaine étoit privée de Volonté, elle n'auroit nulle part à fon facrifice. Enfin Jéfus-Chrift n'a voulu être notre Libérateur, que pour nous unir éternellement

à

à son Pere : pouvoit-il nous en donner un gage plus assuré qu'en s'unissant à nous d'une maniere si intime par la communion à son Corps & à son Sang, sous les apparences du pain & du vin, non anéantis, mais changés par sa Puissance en sa Chair & en son Sang ?

Ne pourroit-on pas même dire qu'outre le besoin que l'homme avoit d'un tel Libérateur qui fût Dieu & Homme tout ensemble, il étoit de la Bonté de Dieu de se montrer à lui sous une forme visible, pour l'élever jusqu'à l'idée de sa souveraine Perfection ? L'homme depuis sa chûte est tellement plongé dans les sens, tellement asservi à son imagination, que ce n'est qu'avec une extrême peine qu'il regarde comme réel ce qu'il ne voit pas, ou au moins ce dont il ne peut se former une image. Mais la souveraine Perfection ne devient-elle pas, pour ainsi dire, sensible en Jésus-Christ Notre-Seigneur ? Il ne faut qu'ouvrir les yeux pour y reconnoître & admirer la Puissance même, la Bonté, la Sainteté, la Justice, la Raison infinie.

Mais ne finissons pas cet article, sans faire remarquer l'unité de dessein de l'Auteur de l'Art. *Éclectisme* dans l'*Encyclopédie*, & de l'Auteur du *Dictionaire Philosophique*. Le premier convaincu de plagiat, d'inexactitude, de fausseté, de malignité dans son *Abrégé de l'Histoire de l'Éclectisme*, donne à cette École pour principe l'Enthousiasme, qu'il définit ainsi : « l'Enthousiasme est un » mouvement violent de l'ame, par lequel nous » sommes transportés au milieu des objets que

Voyez l'Histoire Critique de l'Eclectisme oudes nouveaux Platoniciens. 2 vol. 1766.

» nous avons à repréfenter : alors nous voyons
» une fcéne entiere fe paffer dans notre imagi-
» nation, comme fi elle étoit hors de nous. Elle
» y eft en effet : car tant que dure cette illu-
» fion, tous les Êtres préfents font anéantis,
» & nos idées font réalifées à leur place ; ce
» ne font que nos idées que nous appercevons;
» cependant nos mains touchent des corps,
» nos yeux voyent des corps animés, nos
» oreilles entendent des voix. Si cet état n'eft
» pas de la folie, il en eft bien voifin ». Il donne
cet état pour une maladie épidémique particuliere à ces temps-là, c'eft-à-dire, à la fin
du troifieme fiecle & aux deux fuivants. Voici
auffi à quoi il attribue la perpétuité de nos
Dogmes. « Un fyftéme de connoiffances, qui
» ne tiennent à rien de ce qui fe paffe fur la
» terre, ne fauroit jamais être convaincu de
» faux. Il n'y a donc pas de merveilleux dans
» la perpétuelle durée de la Doctrine du Chrif-
» tianifme ; car les notions qui la compofent,
» s'établiffent dans l'efprit prefque fans effort :
» elles y durent enfuite par prefcription, &
» doivent naturellement fubfifter jufqu'aux der-
» niers fiecles.

N'eft-ce pas fous cette double idée, que l'Auteur du *Dictionnaire Philofophique* veut nous faire envifager l'établiffement du Chriftianifme &
fa perpétuité, foit en prétendant que le Platonifme ne contribua pas peu à la réception &
à la propagation de l'Évangile, foit en pré-
fentant la Religion comme une Métaphyfique profonde & au-deffus de l'intelligence

humaine, & comme un sanctuaire inacceſſible.

Il n'eſt gueres poſſible d'attribuer à une autre cauſe qu'à l'Enthouſiaſme les chimeres platoniciennes, que ces prétendus Philoſophes voulurent introduire dans le Chriſtianiſme peu de temps après ſa naiſſance, ou après ſon établiſſement. Qu'eſt-ce, en effet, que ce monſtre d'où émanent, comme de leur principe, la Matiere & toutes ſortes de Génies? Pour en émaner, il falloit qu'ils y fuſſent contenus, & après en être émanés, il demeuroit, ſans doute, ſeul, dépouillé d'une infinité de ſes parties. Quel monſtre encore une fois conçu ainſi compoſé de tant de diverſes parties avant leur émanation! Après leur émanation, ce monſtre diſparoît à la vérité; mais il n'eſt plus rien, ſi ce n'eſt un Être diviſé en autant d'Êtres qu'il y en a dans l'Univers.

Outre ce prétendu premier principe de toutes choſes, enfanté par l'imagination exaltée des nouveaux Platoniciens, eſt-il poſſible de regarder autrement que comme des Enthouſiaſtes, les Plotin, les Porphyre, les Jamblique, les Hieroclès, les Maxime, en un mot tous ces Viſionnaires, infatués de leurs ſpéculations inſenſées, qu'ils regardoient comme les moyens de s'unir aux Dieux, de les voir, d'entrer dans leur commerce le plus intime, d'être comblés de toutes leurs faveurs, de percer dans l'avenir le plus reculé, d'opérer les choſes les plus merveilleuſes, en un mot de diſpoſer, pour ainſi dire, de la Nature en Théurgues.

Mais quelle autre idée eſt-il poſſible de ſe

former de l'*Encyclopédiste* & de l'Auteur du *Dictionnaire Philosophique*, si réellement ils n'ont point eu d'autre vue, que d'attribuer l'établissement & la perpétuité du Christianisme à l'Enthousiasme? Le dérangement de leur imagination exaltée demande d'autres remedes que le raisonnement. Ce sont des hommes incapables de distinguer la raison de la folie, la sagesse de l'extravagance, la vertu du vice, la sainteté de la corruption, les miracles des effets naturels, les faits des visions, en un mot la vérité du mensonge. Car enfin est-il possible de ne pas admirer dans le Fondateur du Christianisme, dans les Publicateurs de cette sainte Religion, dans les défenseurs de la même Religion, autant de raison, de sagesse, de sainteté, de puissance, de vérité, qu'il éclate de folie, de passions, de prestiges, de mensonge, &c. dans les anciens & nouveaux Platoniciens?

Il n'y a non plus que des Enthousiastes qui soient capables de voir une raison de la perpétuité des vérités chrétiennes dans leur élévation. Est-ce que ces vérités, soit dogmatiques, soit morales, eussent jamais pu trouver d'accès dans les esprits & dans les cœurs, sans les miracles du Sauveur, sans les miracles des Apôtres, sans les miracles des premiers fideles durant les trois siecles de persécution qu'ils eurent à essuyer? Pour les détruire, il n'y avoit qu'à détruire ces faits qui en démontroient l'origine divine. Est-ce que ces faits ne tenoient à rien de ce qui se passe sur la terre?

Comment, sans la promesse de Jésus-Christ,
d'être tous les jours jusqu'à la consommation
des siecles avec ses Apôtres enseignant toutes les vérités qu'il leur avoit apprises ; comment ces vérités eussent-elles pu se soutenir
au milieu de tant de combats qui leur furent
livrés dès leur naissance, & qui leur ont été
livrés chaque jour, pour ainsi dire, jusqu'au
moment présent, où la fureur contre elle paroît prendre de nouvelles forces?

Au reste, l'Enthousiasme chez les Platoniciens n'alloit pas jusqu'à les rendre insensibles
aux douceurs d'une vie tranquille. Ces Sages
bien plus amoureux d'eux-mêmes que de la
vérité, étoient trop prudents pour imiter la
générosité des Chrétiens disposés à tout souffrir, plutôt que de trahir la vérité. Ils furent
allier avec leurs fictions philosophiques le culte
idolâtre de l'Empire, en divinisant toutes les
parties de l'Univers par leur émanation de la
Divinité, & par leur animation & vivification
de son ame. L'Enthousiasme les abandonna
bientôt quand les Docteurs de l'Eglise eurent
la liberté d'attaquer leurs folles spéculations,
& de dissiper les prestiges de leurs opérations
Théurgiques, ou plutôt leurs noires opérations
de la magie. Passons à la quatrieme question.

IV Répondons présentement en peu de mots
à ce que dit notre Philosophe des changements
survenus à la Religion Chrétienne après son
établissement.

Y pense-t-il quand il avance, que ce ne fut
qu'au second siecle qu'on commença à chasser

Luc IX. 1.
X. 18.

les Démons au nom de JÉSUS ? les Apôtres &
les soixante & douze Disciples armés de la
puissance de ce nom sacré, avoient commandé avec empire aux Démons pendant la vie
de leur Maître. Bientôt après sa Résurrection
revêtus de la force d'en haut par la descente
du Saint-Esprit, ils firent briller avec plus
d'éclat le même pouvoir, & le communiquerent aux diverses Eglises qu'ils fonderent dans
tout l'Empire Romain. Est-ce que notre Philosophe seroit assez peu versé dans les livres
du nouveau Testament pour ignorer ces faits,
ou assez faux pour les déguiser ?

A quoi tend ce qu'il nous cite d'Origene
au sujet des divers noms de Dieu, qu'emplo-
yoient quelques Juifs dans leurs exorcismes, ou
même quelques Payens, qui y joignoient encore d'autres noms barbares. Origene déclare
bien nettement qu'il a été souvent témoin de
l'efficace du nom de JÉSUS contre les Démons
par les Chrétiens. Fait-il la même déclaration
au sujet des noms employés par les Juifs &
par les Payens ? Non certes ; il en parle comme de bruits répandus assez universellement.
Il étoit trop sage pour s'engager à vérifier
tout ce qu'on racontoit des prodiges & des
opérations de la magie dans son siecle.

La Religion Chrétienne eut à essuyer durant
trois siecles les plus terribles contradictions.
C'est le sort de la vérité. Mais elle défendoit dans
ces temps de guerre à ses Disciples ce qu'elle
leur défend aujourd'hui, de se séparer de leurs
Pasteurs légitimes dans leurs assemblées. Sa

maxime

maxime a toujours été de leur prescrire d'obéir
aux Loix de l'État, & de n'y résister que
quand ces Loix sont contraires à celles de
l'Être suprême : jamais elle ne leur défendra
de sécourir leurs freres dans leurs besoins.

Si les obsessions & possessions sont aujour-
d'hui moins fréquentes, c'est à cette divine
Religion que nous en sommes redevables. Il
semble que dans le temps de son établissement,
il étoit de la Sagesse éternelle de permettre
aux Diables de manifester leur haine contre
les hommes. C'étoit, si l'on peut parler ainsi,
lui fournir un moyen de donner plus de preuves sensibles de sa Divinité. Par quelle autre Puissance que par celle de Dieu, pouvoit-
elle agir sur ces esprits malfaisants, & les chasser
des corps qu'ils tourmentoient ? Après tant de
prodiges opérés durant trois siecles en preuve de
son origine céleste, après l'accomplissement
des Prophéties qui l'annonçoient, après l'exécution des promesses si claires que son divin
Fondateur lui avoit faites, & de l'établir, &
de la perpétuer jusqu'à la consommation des
siecles, malgré l'opposition & du monde &
de l'enfer, elle n'a pas besoin de nouvelles
preuves. Des esprits insensibles aux preuves
données, ne seroient pas moins insensibles
à de nouvelles. Un Prophete que Dieu sus-
citeroit pour prédire des calamités publiques, pourroit être traité, comme le fut autrefois Jérémie à Jérusalem. Mais ne vaudroit-
il pas mieux prévenir l'événement par une
conversion sincere ? Passons à une autre ques-

tion que propose notre Philosophe.

V. Après notre sainte Religion, qui est sans doute, dit-il, seule bonne, il demande qu'elle seroit la moins mauvaise ?

Eût-il jamais pu faire une demande si impertinente, s'il y avoit de la sincérité dans ce qu'il dit de la sainteté & de la bonté de notre Religion, à l'exclusion de toutes les autres ? Notre Religion ne sauroit être sainte & bonne sans être divine ; par conséquent sans être aussi ancienne que l'homme, dont elle est le premier devoir essentiel. Toutes les autres Religions ne sauroient donc être que mauvaises. Mais nulle sincérité de sa part dans ce qu'il dit de la sainteté & de la bonté de notre Religion : il ne veut pas que nous nous y trompions. D'abord notre Religion lui paroît avoir trop de Dogmes & trop peu de Morale. C'est montrer qu'il ne connoît guéres notre sainte Religion. Si, d'une part, il avoit bien médité le double précepte de l'amour de Dieu & du Prochain, il en auroit vu sortir toute la Morale de l'Évangile, qui est sans contestation la plus parfaite, dont il soit possible se former l'idée. Si, d'une autre part, il avoit bien médité ce double précepte, & qu'il l'eût comparé avec l'état dans lequel naissent les hommes, il en eût vu sortir la nécessité de tous nos Dogmes. Raprochez ici la Conclusion des *Observations* sur la *Philosophie de l'Histoire*, & la troisieme question du présent Article *Religion*. n. III.

Il décéle encore plus ouvertement ses injuftes préventions contre notre Religion, en lui reprochant de propofer à croire des chofes impoffibles, contradictoires, injurieufes à la Divinité, pernicieufes au Genre-humain, de condamner aux peines éternelles le fens commun, d'être affamée du fang humain, de faire un Dieu d'un Prêtre mortel, & de lui foumettre les Rois & les Empires.

Mais qu'eft-ce que tous ces reproches, finon des Difcours de forcenés ? Où notre fainte Religion propofe-t-elle à croire des chofes contradictoires, injurieufes à la Divinité, pernicieufes au Genre-humain ? Ce n'eft pas le fens commun qu'elle condamne à des peines éternelles; c'eft l'abus qu'on en fait en réfiftant à l'évidence de fes preuves, & en la chargeant de calomnies. N'eft-ce pas, par exemple, la calomnier le plus groffierement que de lui imputer d'être affamée du fang humain, elle qui ne prêche que la douceur, la patience, la charité envers les ennemis mêmes ? N'eft-ce pas pouffer la calomnie jufqu'à la démence, que de l'accufer de faire un Dieu d'un Prêtre mortel, & de lui foumettre les Rois & les Empires: elle qui fait émaner de l'indépendance de Dieu même, celle des Souverains dans l'ordre des chofes temporelles.

L'impie ignorant ne peut manquer de faifir avidement ces calomnies: elles font propres à mettre à l'aife fon averfion décidée pour la Religion. Il ne lui eft pas poffible d'imaginer aucune Religion qui ait plus de caracteres de Divinité que la Religion Chrétienne. Si

donc à l'aide de tant de calomnies, il peut se
persuader qu'elle est fausse comme les autres;
il conclura que la Religion n'est qu'un mot
sans idée ; que Dieu n'exige de l'homme aucun culte, parce qu'il est trop grand pour
pouvoir être honoré par un si petit Atôme.
Car, dira-t-il, si Dieu exigeoit de l'homme quelque culte, peut-on penser qu'il eût abandonné au
caprice de l'homme d'imaginer la maniere, dont
il vouloit en être honoré pour lui plaire? Que seroit-ce, en effet, que ce culte que l'homme lui
rendroit? Seroit-ce l'assujettissement de son esprit
à la parole de Dieu, si jamais Dieu ne la lui eût
fait entendre ? Seroit-ce l'assujettissement de son
cœur à la volonté de Dieu? Comment sans une
déclaration de la volonté de Dieu, se persuade-
roit-il que Dieu agréât un tel hommage? Soyons
justes, à la bonne heure, envers nos semblables,
continuera l'impie, pour ne point nous exposer
de leur part au droit de représailles : soyons
tolérants, pour ne point irriter leur colere &
leur violence : soyons humains, pour qu'ils mé-
nagent nos jours : mais ne nous flattons point du
vain espoir d'une récompense après la vie présente pour une conduite où Dieu n'entre pour rien.

VI. Après ce que nous avons eu si souvent
occasion de dire de la Religion des Gentils, la
question suivante ne mérite plus d'être répon-
due. « N'a-t-on pas imputé, demande-t-on, à la
» Religion des Gentils plus de mal qu'elle n'en
» a fait, & plus de sotises qu'elle n'en a prêchées? »

Peut-on envisager la Religion des Gentils
dans les Peuples & dans les Sages, sans être

saisi d'horreur ? Les premiers proftituoient leur culte à des Dieux chimériques. Et quel étoit ce culte ? Peut-on s'en rappeller la mémoire fans être honteux de fon ridicule, fans rougir de fes infâmies, fans frémir de fes cruautés ? Les Sages avoient-ils un autre culte public que le Peuple ? Eh ! S'ils confervoient l'idée d'un Être fuprême ; quelle étoit cette idée ? Étoit-ce l'idée d'un Être tout-puiffant, indépendant, fimple ? Ils ne l'imaginoient que comme un foible Artifan, qui a befoin de matiere pour la formation de fes ouvrages : comme un Maître de l'Univers, mais ignorant, & que le Deftin devoit diriger dans fes opérations : comme une petite intelligence compofée de toutes les ames humaines, avant qu'elles en fuffent forties pour animer des corps.

« On ne prêchoit pas, dit-on, dans les tem-
» ples les changements du grand Jupiter en
» Taureau ou en Cygne ».

Refufera-t-on donc le titre de Prédicateurs aux Poëtes qui chantoient ces changements abominables ? Quelle invitation plus preffante pour les Peuples d'imiter ce qu'ils adoroient ?

Il y a une indécence intolérable à comparer l'Hiftoire d'un Jupiter, d'une Vénus, avec quelques-unes de nos Légendes. Eft-ce que celles-ci propofent en exemple comme des modeles à fuivre le crime qu'il a fallu expier par les larmes & par la pénitence la plus auftere ?

Nous avons vu qu'imputer à la Religion des Juifs d'avoir offert à Dieu des victimes humaines, c'étoit la calomnier. N'eft-ce pas égale-

Voy. Obferv. fur le chap. xxxvi de la Philofoph. de l'Hiftoire.

ment calomnier la Religion Chrétienne que de lui imputer d'avoir couvert la terre de sang; elle qui ne veut que la converfion du pécheur & non fa mort? Cette divine Religion environnée de toutes les preuves de Divinité que la raifon peut exiger, prend un foible intérêt à des prodiges qui ne font appuyés que fur des bruits populaires.

VII. Enfin notre Philofophe termine cet article par prefcrire la maniere, dont on doit s'y prendre pour perfuader fa Religion aux Étrangers & à fes Compatriotes. Il ne veut pas qu'on la leur donne pour démontrée; ni que l'on prétende qu'on ne la rejette qu'autant qu'elle condamne leurs paffions. Il ne veut ni emportement, ni injures.

Non, fans doute, on ne doit employer ni l'emportement, ni les injures pour perfuader aux autres fa Religion. On ne doit employer que des raifons; & les injures non plus que les railleries n'en font pas. Ce font les armes néanmoins ordinaires de nos nouveaux Philofophes, non pour établir une Religion, mais pour détruire toute Religion. Un Chrétien qui veut perfuader fa Religion à un homme qui l'ignore, ne doit ni s'emporter, ni lui dire des injures. Cependant il ne peut mieux entrer en matiere, qu'en lui faifant fentir qu'il s'agit ici du plus grand de tous les intérêts, d'un bonheur ou d'un malheur éternel; qu'on ne peut donc être trop en garde contre les paffions fi adroites à féduire le cœur; & conféquemment à faire illufion à l'efprit. Après ce début, la controverfe doit être réduite à cette queftion fimple.

L'Être fuprême a-t-il révélé par Jéfus-Chrift la maniere, dont il veut que l'homme l'honore pour lui plaire? C'eft là un fait dont la vérité dépend de la vérité des faits crûs & publiés par la fociété connue fous le nom d'Églife Catholique. Ces faits confiftent dans les miracles opérés au Nom de Dieu par Jéfus-Chrift en preuve de fa Miffion divine; dans les prédictions faites au Nom de Dieu par le même Jéfus-Chrift de l'état dans lequel devoit tomber la Nation Juive; dans les promeffes faites par le même Jéfus-Chrift à fes Apôtres & à l'Eglife établie par fes Apôtres parmi les Nations. Or, il faut douter de tout, pour douter & de la vérité des miracles de Jéfus-Chrift & de la vérification de fes prédictions, & de l'accompliffement de fes promeffes.

On peut ajouter à des preuves fi démonf-tratives, que Dieu avoit promis Jéfus-Chrift dès le commencement du monde, qu'il avoit donné une Loi à un Peuple entier pour le figurer, qu'il avoit fufcité durant une fuite de fiecles un grand nombre d'hommes célébres, pour annoncer fa manifeftation à la terre. Quiconque a affez de force pour fe roidir contre de telles preuves, eft digne des gémiffe-ments d'un Chrétien. Ce n'eft pas contre un homme fi miférable, qu'il faut exhaler de la mauvaife humeur; c'eft contre la mauvaife foi de la nouvelle Secte qu'il faut la referver.

L X V.

Résurrection.

Nous avons vu ailleurs, chap. XXI de la *Philosophie de l'Histoire*, ce qu'on nous dit ici de la construction des Pyramides en Égypte. Laissons notre Philosophe recueillir toutes ces Résurrections fabuleuses d'Atalide, d'Esculape, d'Hercule, de Pelops. Mais comment ose-t-il avancer que ce ne fut que pour diviser les Pharisiens & les Sadducéens, que saint Paul au milieu de leur assemblée eût recours au Dogme de la Résurrection ? Qu'elle étoit la cause de la haine des Juifs contre Paul ? N'étoit-ce pas son zele à publier par-tout la Résurrection de Jésus-Christ, comme le fondement assuré, & de l'espérance d'une autre vie, & de la Résurrection des morts ?

Job plein, sans doute, de la promesse du grand Libérateur faite au premier homme après sa chûte, & parvenue jusqu'à lui par la Tradition, connoissoit le Dogme de la Résurrection. Peut-on entendre dans un autre sens ces paroles qu'il adresse à ses amis injustes ? *Je sçai que mon Rédempteur est vivant, & que dans la suite des temps* (selon l'Hébreu) *il ressuscitera de la terre,* (ou autrement, *que dans la suite des temps il paroîtra sur la terre*). *Et lorsque je serai revêtu de ma peau, alors de ma chair je verrai Dieu. Je le verrai moi-même, & non un autre ; & je le contemplerai de mes propres yeux. Ces desirs que je porte sont consom-*

Job XIX. 25. & seq.

més dans mon sein. *Pourquoi dites-vous: comment le persécuterons - nous ? Et quel prétexte trouverons - nous en lui pour l'accuser? Fuyez donc de devant l'épée qui vous ménace, parce qu'il y a une épée vengeresse de l'iniquité; & sachez qu'il y a un Juge.* Il n'est point ici question des fictions des Rabbins sur le Dogme dont il s'agit.

Nous ne rappellerons point non plus les réflexions que nous avons déja faites sur l'abus qu'on renouvelle ici des textes de saint Paul & de saint Luc au sujet du second avénément de Jésus-Christ. On peut les voir dans nos *Observations* sur le chap. XXXII de la *Philosophie de l'Histoire*, pag. 144 & suivantes. Les Peres ont pu varier sur les circonstances de la Résurrection; mais nulle variation parmi eux sur le Dogme. Voyez encore nos *Observations* sur le chap. XXXIII de la *Philosophie de l'Histoire*, pag. 153 & suivantes.

L X V I.

Salomon.

Ce que l'on peut conclure de nos Livres au sujet de Salomon, c'est que ce Prince reçut du Ciel le don de la sagesse pour conduire son Peuple, & qu'il n'en fit pas toujours usage pour se conduire lui-même. Quant aux difficultés rassemblées ici, au sujet des trésors immenses que lui laissa David; au sujet de son Livre du Cantique des Cantiques, & de son Ecclésiaste, de même qu'au sujet du Livre de la Sageſſe : ces difficultés ne ſont que de vieilles cavillations renouvellées par notre Philoſophe. Les tréſors laiſſés par David à Salomon pour bâtir au Seigneur un Temple, n'ont rien qui ſurprenne un homme attentif à la fécondité de la Paleſtine du temps de David, à l'économie de ce Prince, à ſes conquêtes, à ſes liaiſons avec le Roi de Tyr, & à ſes flotes. Il n'eſt point non plus étonnant que Salomon ait eu quarante mille chevaux dans ſes écuries pour ſes chariots, outre douze mille chevaux de ſelle. *

Il eſt auſſi aſſez peu ſurprenant, que dans un ſiecle où les allégories étoient en uſage, Salomon ait voulu peindre l'union admirable de Jéſus-Chriſt avec ſon Egliſe ſous l'emblême du mariage d'un Berger & d'une Bergere. Dans cette ſuppoſition, quoi de plus digne de notre vénération que le Cantique des Cantiques ?

Pour ſavoir quel parti prend l'Eccléſiaſte dans la controverſe ſur la fin de l'homme, qu'il traite ou avec lui-même revenu de ſes égarements, ou avec les Libertins de ſon ſiecle, il n'y a qu'à lire ſa Concluſion. La voici.

Eccle. XII.
13. 14.
Ecoutons tous enſemble la fin de ce Diſcours. Craignez Dieu, & obſervez ſes Commandements ; car c'eſt là le tout de l'homme, & Dieu fera rendre compte en ſon Jugement de toutes les fautes, & de tout le bien & le mal qu'on aura fait.

Faire placer par l'Auteur de la Sageſſe, l'immolation d'Iſaac au temps du Déluge, c'eſt

---

* *N. D. C.* Cette prodigieuſe quantité de chevaux eſt-elle exorbitante, ſi elle étoit deſtinée aux travaux publics, & à la Cavalerie d'un grand Royaume ?

vouloir en impofer. L'Auteur facré dit ex- *Sap. X. 5.*
preffement que la foi d'Abraham ne fût mife
à l'épreuve que lorfqu'après le Déluge, les
Nations confpirerent enfemble pour s'abandonner au mal. Quand le même Auteur dit *Ibid. v. 14.*
de Jofeph que le fceptre du Royaume de l'É-
gypte lui fut mis entre les mains, qui a jamais entendu la Royauté; & non cette grande
Puiffance que Pharaon lui donna fur tous fes
fujets à caufe de fa fageffe; puiffance qui *Eccle. XLIX*
l'établit comme le dit l'Eccléfiaftique, le Prin- *17.*
ce de fes freres.

Un Chrétien n'a perfonne en horreur : comment auroit-il donc en horreur les Juifs, ce
Peuple qui avoit été choifi pour être le dépofitaire du plus grand de tous fes biens ,
la Religion. Ce qu'il a en horreur dans les
Juifs , c'eft ce refus aveugle & opiniâtre, de
voir en Jéfus-Chrift le Libérateur promis à
leurs Peres , figuré par leur Loi, annoncé par
leurs Prophetes dans les Livres qu'ils refpe-
ctent, & que l'Eglife refpecte avec eux comme dictés par l'efprit de Dieu.

L X V I I.

Senfations.

L'imagination de notre Philofophe eft ici à
fon aife. Il donne deux fens à l'huitre, quatre
à la taupe, cinq aux autres animaux & à
l'homme. Il eft plus libéral à l'égard des Habitants des autres Globes. « Il fe peut faire ,
» dit-il , que le nombre des fens augmente

» de Globe en Globe, & que l'Être qui a des
» sens innombrables & parfaits, soit le terme
» de tous les Êtres ».

Nous l'abandonnons volontiers à son imagination dans, ce nombre de sens dont il lui plaît d'enrichir les autres Globes. Mais nous ne concevons nullement cet Être à qui il attribue des sens innombrables & parfaits. Seroit-ce l'Être suprême ? Mais comme on ne peut entendre par les sens, ou que les organes, ou que les Sensations, peut-on en feindre dans l'Être suprême ? Les organes appartiennent à des corps, & les Sensations ne conviennent qu'à un Être capable de passivité. C'est ce qu'il nous dit lui-même en remarquant que nous recevons la Sensation, & qu'il nous est impossible de ne pas l'avoir, quand l'objet nous frappe. Mais il est bon de remarquer de plus que nous pouvons avoir des Sensations très-vives en conséquence de nos réflexions, sans l'impression d'aucun objet sur nos organes. Ajoutons encore qu'il dépend beaucoup de nous, d'affoiblir ou d'augmenter la Sensation qui nous vient de l'impression des objets sur nos organes, par le plus ou le moins d'attention que nous lui donnons, & que nous sommes toujours maîtres de l'approuver ou de l'improuver.

Revenons à notre Philosophe ; il poursuit ainsi. « Nous sommes étonnés de la pensée ; » mais le sentiment est tout aussi merveilleux. » Un pouvoir divin éclate dans la Sensation » du dernier des insectes, comme dans le cerveau de Newton ».

Sans doute le sentiment est aussi merveilleux que la pensée & aussi incompatible avec les corps ; mais de grace, qui a dit à notre Philosophe que les insectes & les animaux ont des sentiments ? Quelle certitude en a-t-il ? Il a le sens intime de ses Sensations. Est-il assuré par la même voie des sensations des animaux ? Il voit en eux les divers mouvements qu'il éprouve lui-même dans son corps en conséquence de l'action des objets sur les organes : mais ces mouvements des animaux, par lesquels ils s'approchent, ou s'éloignent des objets qui agissent sur eux, peuvent n'être qu'un jeu des ressorts infinis, qui entrent dans la composition de leur machine admirable. Et certes, quelle part ont ces Sensations aux mouvements que l'homme éprouve dans son corps à l'occasion de l'impression des objets extérieurs ? Les Sensations accompagnent bien nos mouvements, mais les produisent-elles ?

Au reste, nous faisons volontiers l'aveu de notre ignorance sur la nature des animaux. Ce que nous savons, c'est que, si l'Être suprême leur avoit accordé la faculté de sentir, il s'ensuivroit qu'il auroit mis dans eux une substance entièrement différente de leurs corps. On ne pourroit néanmoins en rien conclure pour leur immortalité. Car comme ils ne subsistent qu'autant que l'Être suprême les conserve, ils pourroient n'être conservés qu'un certain temps ; parce qu'ils pourroient n'avoir été créés que pour un temps. On en pourroit dire autant de l'homme, s'il n'étoit

fuſceptible que de Senſations : mais ce vouloir , ce deſir d'être heureux, & de l'être
toujours qui fait partie de la nature de cet
Être qui a en lui le ſentiment de ſa propre
exiſtence , de ſa diſtinction de tout autre Être,
de ſon identité ſous l'enſemble ou ſous la ſuc-
ceſſion de ſes Senſations ; cette idée qu'il a
de l'Auteur de ſon Être ; cette capacité de connoître & aimer la vérité ; ces Loix qu'il porte
gravées dans le fond de ſon cœur , & dont il ne
ſauroit s'écarter, ſans ſe reprocher ſon injuſtice ; cette liberté de les ſuivre ces Loix , ou
de les violer ; ce ſentiment qu'il a du rapport
de ſa fidélité à les ſuivre avec la recompenſe,
& de ſon infidélité à les ſuivre avec le châtiment : tout cela ne lui permet pas de douter
qu'il ne ſoit reſervé à une autre vie , & que
la préſente ne lui ſoit accordée, que pour ſe
préparer à cette autre vie qui l'attend.

Dès que nous recevons nos idées, de même
que nos Senſations , rien de plus frivole que
la diſcuſſion de ce principe de l'Antiquité, que
rien n'eſt dans notre entendement qu'il n'ait
été dans nos ſens. En effet qu'importe que
nous commencions par ſentir avant que d'a-
voir des idées, ſi nos Senſations & les objets
qui les occaſionnent ne ſont pas le principe
de nos idées ? Y aura-t-il moins de différence
de nos idées & de nos Senſations , avec les
objets qui les occaſionnent ? Que l'Être ſuprême nous faſſe naître avec des idées , ou qu'il
nous les donne ſucceſſivement avec les Senſations , tout cela eſt parfaitement égal.

Ce qu'il y a de sûr; c'est que nous tenons de sa main l'idée que nous avons de son Être infiniment parfait : en réculant les bornes du fini, nous ne pourrions jamais arriver qu'à l'idée de l'infini en puissance ; jamais à l'idée de l'infini absolu. Ce qu'il y a de sûr, c'est que l'Être pensant a le sens intime de sa propre existence avant toute Sensation ; car sans ce sens intime de sa propre existence, il ne seroit pas susceptible de Sensation. Ce qu'il y a de sûr, c'est que les sens ne peuvent avoir aucune part aux idées des vérités purement intellectuelles. Ce qu'il y a de sûr encore, c'est que si la connoissance des objets particuliers & individuels nous est d'abord donnée, elle est bientôt suivie en nous d'idées générales des mêmes objets, idées où ni les sens, ni les objets individuels ne sauroient influer.

Ajoutons encore à ces courtes réflexions sur le principe cité de l'ancienne Philosophie, qu'on ne concevra jamais que l'Être pensant reçoive l'existence, sans recevoir quelqu'idée en même temps : car son essence est d'avoir le sens intime de sa propre existence & de son amour pour le bien-être. Or, quoi de plus inséparable des idées de l'Être & du bien en général.

L X V I I I.

Les Songes.

Pour répondre aux questions de notre Philosophe, il faut avoir recours aux Loix de l'union de l'ame & du corps. Il n'y a que le Créateur qui puisse agir sur ces deux subs-tances; car le corps n'a que des mouvements à communiquer, & l'ame est incapable d'en re-cevoir, & l'ame n'a de son côté que des pensées & des vouloirs, & le corps est réciproquement incapable d'en recevoir. Malgré l'union si in-time de ces deux substances, elles sont indé-pendantes l'une de l'autre en plusieurs choses. Combien de modifications dans l'ame indépen-dantes du corps! Combien réciproquement de mouvements dans le corps indépendants de l'ame! Mais en conséquence de cette union intime de l'ame du corps il est un grand nombre de modifications dans l'ame qui dé-pendent des mouvements du corps; & il est un grand nombre de mouvements dans le corps qui dépendent de l'ame. Cependant cette dé-pendance du corps par rapport à l'ame n'a lieu que lorsque le corps est dans certaines disposi-tions. Par exemple, que les mains, les pieds,&c. soient affligés de paralysie, en vain l'ame com-manderoit, ces membres demeureroient immo-biles: de même en vain tenteroit-elle d'exercer l'empire qu'elle a sur le cerveau, si le cer-veau ne se trouve pas dans un état propre à lui obéir. Or, c'est précisément ce qui arrive dans le sommeil: une partie des esprits ani-maux est repompée dans le sang; l'autre partie qui y reste, ne suffit plus, pour y rémuer avec ordre les fibres, dont les unes sont alors trop relâchées, & les autres trop tendues. Dès-là même les causes occasionnelles des pensées

de

de l'ame étant dérangées, il doit y avoir du dérangement dans les penfées de l'ame; ces penfées ne fauroient être régulieres & cohérentes. De là les Rêves & les Songes.

Au refte, notre Philofophe rêveroit affez plaifamment, s'il vouloit conclure des rêves, que l'ame n'eft pas une fubftance diftinguée du cerveau,mais qu'elle n'eft qu'une faculté de penfer propre à cette partie du corps humain. Car ou cette faculté feroit une, ou il faudroit en admettre autant qu'il fe trouve dans les rêves de penfées irrégulieres & incohérentes. Dans le premier cas, ce feroit à lui à rendre raifon des rêves de cette faculté de penfer qui feroit une: dans le fecond cas, diverfes facultés de penfer qui ne fe connoiffent en aucune forte, pourroient-elles avoir des penfées régulieres & cohérentes dans la veille, plutôt que dans le fommeil?

Il ne paroît pas douteux que les Songes n'ayent été fouvent des objets de fuperftition, & qu'on n'ait pris des rêves pour des Songes envoyés par les Dieux, parce que ces rêves étoient fuivis de l'événement: mais ne faudroit-il pas être dans le délire, pour refufer à Dieu la Puiffance d'envoyer aux hommes des Songes prophétiques, & celle d'accorder le don de les interpréter?

Peut-on, par exemple, regarder comme naturels les Songes de Pharaon, de fon grand Échanfon & de fon grand Pannetier? Peut-on auffi regarder comme naturelle l'explication qu'en donna Jofeph? Nul rapport entre ces

II. Partie.   K

Songes & les événements qui suivirent de près.
Comment donc ces Songes pourroient-ils être
regardés comme naturels ? Comment l'explication eût-elle été possible sans une lumiere
divine ? L'application de ce raisonnement se
fait d'elle-même au Songe de Nabuchodonosor,
révélé à Daniel & interprété par ce Prophete.
La succession de diverses Monarchies dans la
suite de plusieurs siecles ne se présente pas
naturellement en Songe, & un Songe de cette
nature se devine & s'interprete encore moins
naturellement. De ces exemples où la Divinité se fait sentir si visiblement, on ne peut
conclure que la Loi des Juifs ne défendoit
pas l'*Oneiromantie*, ou la science des Songes,
que des hommes vains & superstitieux auroient voulu s'attribuer.

L X I X.

Superstition.

Ou il y a une Religion révélée sur la terre,
ou il n'y en a point. Dans cette derniere
supposition, quelle peut être l'adoration de
l'Être suprême ? En exige-t-il de ses créatures ?
Tous les cultes établis par les hommes étant
des effets de leur caprice & de leur fantaisie,
peuvent-ils plaire à l'Être suprême ? Et peuvent-ils être autre chose que des cultes superstitieux que dédaigne sa Majesté ? Ce n'est
que dans la supposition d'une Religion révélée que l'homme peut vraiment adorer l'Être
suprême & assujettir son cœur à ses ordres

éternels : parce que l'Être suprême connois-
fant feul ce qu'il a droit d'exiger de l'homme,
peut feul lui apprendre la maniere dont il
veut en être honoré pour lui plaire, ce qu'il
doit croire, ce qu'il doit efpérer, ce qu'il
doit aimer, ce qu'il doit pratiquer, où il doit
puifer des fecours contre fa foibleffe & les
moyens de fe relever de fes chûtes. Telle eft
a Religion Chrétienne, laquelle feule par
conféquent mérite d'être appellée *Religion.*

L X X.

Tyrannie.

« On appelle *Tyran*, dit notre Philofophe,
le Souverain, qui prend le bien de fes fujets ; & qui enfuite les enrôle, pour aller
prendre celui de fes voifins. On diftingue,
dit-il enfuite, la Tyrannie d'un feul, & celle
de plufieurs ». Il demande fous quelle Tyra-
ie il vaut mieux vivre ? Il répond que « s'il
avoit à choifir, il aimeroit mieux vivre fous
la Tyrannie d'un feul que fous celle de plufieurs ». La raifon qu'il en donne. « C'eft qu'un
Defpote a toujours quelques bons moments ;
que s'il fait injuftice, on peut le défarmer
par fa Maîtreffe, par fon Confeffeur, par
fon Page ; qu'une affemblée de Defpotes n'a
jamais de bons moments, & eft toujours inacceffible à toutes les féductions ».

Contentons-nous de remarquer, que s'il pré-
re le Gouvernement d'un feul au Gouver-
ement de plufieurs, ce n'eft que dans une

ſuppoſition qui fait peu d'honneur aux Maîtres de la terre.

L X X I.

Tolérance.

Notre Philoſophe ne fait que répéter ici ce qu'il nous a dit dans la *Philoſophie de lHiſtoire*, chapitre XXVI, & chapitre L ſur le même ſujet ; nous ne pouvons donc oppoſer à ſes déclamations que la même réponſe. Il eſt bien clair que, quiconque n'honore pas Dieu de la maniere dont il veut être honoré pour lui plaire, n'a point de bonheur à attendre après cette vie, ſans avoir honoré Dieu dans la vie préſente de la maniere dont il veut qu'on l'honore pour lui plaire. Or, la Religion révélée montre à l'homme la maniere dont il peut honorer Dieu pour lui plaire. Il n'y a donc point de bonheur à eſpérer après cette vie ſans la Religion révélée. Quiconque donc ſent le bonheur qu'il a de connoître & d'aimer la Religion révélée, peut-il voir d'un œil tranquille ſes ſemblables hors de cette Religion ? Seroit-ce les aimer comme lui-même, s'il ne faiſoit tous ſes efforts pour leur faire part de ſon bonheur. Pour y parvenir, jamais il n'aura recours à la violence : la violence irrite le cœur au lieu de le gagner ; il ne ſe rend qu'autant qu'il eſt convaincu & perſuadé par la force de la vérité. Cependant ſi ſourds à ces raiſons, non-ſeulement ils perſiſtent dans leurs erreurs ; mais qu'ils veulent encore les faire prévaloir, que devra faire le Souverain, fi la Religion révélée eft une Loi de fon Etat ? Devra-t-il laiffer impunie la violation de fes Loix ? Telle eft la prétention de notre Philofophe. En fut-il jamais une plus abfurde ? Au refte, ne foyons pas affez téméraires pour prefcrire des regles de conduite à nos Maîtres. C'eft à leur fageffe & à leur amour pour leurs fujets, de trouver le moyen de réduire au filence les Séducteurs, & de ramener les féduits à la vérité.

En vain notre Philofophe oppofe la Tolérance de toutes les autres Religions, foit anciennes, foit modernes, les unes à l'égard des autres. La Religion révélée eft la feule véritable : l'erreur peut compatir avec l'erreur ; mais la vérité eft néceffairement une & inalliable avec le menfonge.

Les premiers Difciples de Jéfus-Chrift purent être perfécutés, à caufe de leur zele, pour exterminer toutes les Religions de l'Empire Romain : mais chargés par l'Être fuprême de publier fa vérité, n'étoient - ils pas dès là-même dans l'impoffibilité de ménager l'erreur ? Il falloit donc, ou qu'ils fe tuffent, & défobéiffent ainfi aux ordres de l'Être fuprême, ou qu'ils ne négligeaffent rien pour exterminer toutes les Religions de l'Empire Romain. L'alternative étoit néceffaire.

A quoi tend ce dénombrement où entre notre Philofophe, des Sectes des Ébionites, des Nicolaïtes, &c. qui s'éleverent dès le temps des premiers Prédicateurs de l'Evangile,

& de tant d'autres Sectes, qui ont ſuccédé aux premieres dans la ſuite des ſiecles, & qui ont fait répandre tant de ſang?

Ignore-t-il que c'eſt là une preuve de la vérité de notre Religion; parce que ces Sectes ſervent à vérifier les prédictions de Jéſus-Chriſt & de ſes Apôtres?

Si parmi les Chrétiens il n'y avoit jamais d'hommes enflés de leur ſcience, qui priſſent leur foible intelligence pour la meſure unique de la vérité; d'hommes affamés des richeſſes & des plaiſirs des ſens, qui ne connuſſent point d'autre regle que leurs attraits; d'hommes infatués de leur puiſſance, qui vouluſſent que tout plie ſous leur domination; d'hommes vains & ſuperbes, qui pleins de leurs idées vouluſſent y aſſujettir tous les eſprits; que deviendroient les avertiſſements que le Sauveur donne à ſes Diſciples pour tous les temps, des perſécutions qu'ils auroient à ſouffrir pour ſon nom, des ſéducteurs deſquels ils devroient ſe défendre, des ſcandales auxquels ils ſeroient expoſés, des guerres qu'ils auroient à ſoutenir. Que deviendroient les oracles du Saint-Eſprit prononcés par la bouche des Apôtres ſur les tribulations auxquelles devoient s'attendre les fidéles, ſur la néceſſité des Héréſies, par leſquelles ils ſeroient éprouvés, ſur les ennemis qui, comme des loups raviſſants, n'épargneroient point le troupeau, ſur la multitude & le caractere des hommes pervers, qui dans les derniers temps enſeigneroient une Doctrine corrompue, qui re-

Matth. V.
11. *VII.* 15.
X. 16 - 24.
34. *& ſuiv.*
XI. 6. *XIII.*
*Parabole de
la ſemence &
de l'yvraie.*
XXIV. 9. 11.
12. 13. 14.
Marc. VIII.
34. 35. *XIII.*
22. *Luc VI.*
22. 26. *VII.*
23. *XII.* 49.
XVII. 22. 23.
Jean. XII.
25. *XV.* 18.
& ſuiv. XVI
1-4. 20. 23.
Act. XIV. 21.
XX 29. 30.
I. Cor. XI. 19.
II. Tim. III.
I. II. Pier.
II. 1. *& ſuiv.*
Jud. 1. *&c.*

nonceroient le Seigneur, qui introduiroient de nouvelles Sectes.

Notre Philofophe, après de furieufes déclamations contre le zele des Souverains qui fe déclarent ennemis de toute innovation en matiere de Religion dans leurs États, leur fournit un expédient pour y maintenir la paix ; c'eft d'y fouffrir toutes fortes de Religions. « Si vous » avez, leur dit-il, deux Religions chez vous, » elles fe couperont la gorge : fi vous en avez » trente, elles vivront en paix ».

Suppofons que l'expédient foit bon, à quel Souverain peut-il plaire ? Il peut plaire, fans doute, à un Souverain de la trempe de notre Philofophe, qui croit que toutes les Religions ne valent pas mieux les unes que les autres ; qu'elles ne font que des inventions humaines ; qu'il faut néanmoins les conferver comme un mords que le Peuple s'eft mis lui-même à la bouche pour le gouverner.

Mais l'expédient peut-il être du goût d'un Prince chrétien, convaincu & perfuadé de la Divinité de fa Religion ? Ne doit-il pas plutôt lui paroître l'extinction entiere de tout fentiment & de tout devoir, foit envers le Créateur, foit envers la vérité, foit envers fes fujets ? Ne faudroit-il pas même qu'il fût bien peu jaloux de fon autorité ? Ce n'eft que dans les principes de la Religion Chrétienne que cette autorité eft vraiment refpectable, parce qu'elle émane du Ciel même : au lieu que dans toutes les autres Religions, prenant fa fource dans la volonté des fujets, elle demeure toujours ſujette à leur caprice.

Mais un Prince de la trempe de notre Philoſophe, peut-il juger bien ſenſée la promeſſe
qu'on lui fait ici, que s'il a dans ſes États
trente Religions, elles vivront en paix? On
ne peut conſidérer ces trente Religions que
dans trois ſuppoſitions: la premiere que l'une
d'entr'elles au moins ſe croie véritable, à l'ex-
cluſion de toutes les autres; la ſeconde que
chacune ſe croie véritable, & ait la même
idée des vingt-neuf autres; la troiſieme que
chacune ſe croie fauſſe, & regarde du même
œil les vingt-neuf autres.

Dans la premiere ſuppoſition, il eſt clair
que la Religion qui ſe croit véritable à l'ex-
cluſion des vingt-neuf autres, ne peut que
les condamner. Elle parlera donc; elle écrira,
s'il lui reſte l'ombre de zele pour la vérité.
Les vingt-neuf autres garderont-elles le ſilence?
Elles parleront à leur tour; elles écriront. Voilà
une guerre ouverte. Comment l'appaiſer? Si ce
n'eſt en ſéviſſant contre la premiere aſſez auda-
cieuſe pour enfreindre la Loi de la Tolérance
impoſée par le Prince. Et voilà l'intolérance.

La ſeconde ſuppoſition n'eſt pas admiſſible.
Trente Religions différent néceſſairement entr'elles par quelques-uns de leurs dogmes, de
leurs uſages, de leurs pratiques: par conſéquent l'une ne peut croire véritables ſes dogmes, ſes uſages, ſes pratiques, ſans regarder
comme faux les dogmes, les uſages, les pratiques contraires à ſes dogmes, à ſes uſages, à
ſes pratiques; ou au moins elle ne peut regarder

toutes ces Religions différentes d'elle - même, que comme des routes qui ne peuvent conduire au bonheur comme à leur terme.

Que feroit-ce que ces trente Religions dans la troifieme fuppofition ? Pourroient-elles avoir d'autres fectateurs, que des têtes organifées comme celles de nos nouveaux Philofophes ? Et de plus, quelle paix, quelle concorde efpérer parmi une troupe de fols & d'infenfés ? Car peut-on envifager autrement que comme le comble de la folie & de l'extravagance trente Religions qui fe croiroient fauffes. Il n'y a qu'un Enthoufiafte dupe des faillies de fon imagination, qui foit capable de donner un tel confeil aux Souverains.

LXXII.

Vertu.

Il la définit la bienfaifance envers le prochain, c'eft-à-dire, toute action utile au prochain. Car pour faire entendre mieux fa penfée, il ajoute : « puis - je appeller Vertu autre cho- » fe que ce qui me fait du bien ? Je fuis » indigent, tu es libéral. Je fuis en danger, » tu viens à mon fecours. On me trompe, » tu me dis la vérité. On me néglige, tu me » confoles. Je fuis ignorant, tu m'inftruis. Je » t'appellerai fans difficulté vertueux ».

Mais la bienfaifance envers le prochain pour mériter le nom de Vertu, eft-elle indépendante du motif d'où elle procede ? L'homme n'agit pas fans motif. Quand il agit raifonnablement, il fe propofe toujours une fin dans fon action. Eft-ce donc indépendamment de cette fin qu'il fe propofe, que fon action doit paffer pour Vertu? On peut faire du bien au prochain pour obéir à Dieu, ou pour d'autres motifs; foulager, par exemple, un indigent, afin de paffer pour libéral; le fécourir dans un danger, pour être eftimé courageux. On peut de même ne point le flatter dans fes erreurs, le confoler dans fon affliction, l'inftruire dans fon ignorance, par des vues qui ne foient pas moins étrangeres, & à l'amour de la vérité, & à l'amour *du prochain.* Suffit-il donc pour mériter le titre de vertueux de faire du bien au prochain, fans fe propofer aucune vue, ou en ne fe propofant que des vues, qui ayent leur fource dans l'amour-propre? S'il fuffit pour être vertueux de ne fe propofer aucune vue dans le bien qu'on fait au prochain, on ne peut refufer le titre de vertueux au cheval qui me porte, ou qui me traîne; au chien qui me garde, & qui me défend, &c. car ces animaux me font du bien.

S'il fuffit pour être vertueux de fe propofer une fin qui ait fa fource dans l'amour-propre; on pourra être tout-à-la-fois vertueux & très - vicieux. Car quelles fins mauvaifes, l'amour propre n'eft-il pas capable de fuggérer? La définition de notre Philofophe n'eft donc pas recevable. La véritable définition de la vertu eft l'amour de l'ordre: par conféquent l'amour fur toutes chofes du fouverain bien, qui eft Dieu, pour qui l'homme eft fait, &

& qui seul peut le rendre heureux , & l'amour
du prochain comme de soi-même pour Dieu.
Voilà ce que c'est que la Vertu qui embrasse
tous les devoirs , & qui les fait tous accomplir. Aimer Dieu sur toutes choses, c'est vouloir être heureux : aimer donc le prochain
comme soi-même pour Dieu , c'est vouloir
qu'il soit heureux, & par conséquent ne rien
négliger de ce qui peut contribuer à le faire
parvenir à cette fin. C'est enfin n'user des
corps que selon l'ordre de Dieu , parce qu'ils
sont également incapables & d'être heureux ,
& de rendre heureux. Tout ce qu'ajoute notre
Philosophe n'est qu'un badinage frivole qui
ne mérite pas que nous nous arrêtions.

L'homme est fait pour Dieu ; la fin essentielle de son Être est donc de s'attacher à
son Dieu par la charité. S'il est fidele à remplir une fin si auguste, il ne peut manquer
d'être utile à tous les hommes, soit qu'il vive
en société avec eux , soit qu'il vive séparé
de leur commerce. S'il vit avec eux en société, il leur fera tout le bien qu'il pourra.
S'il vit séparé de leur commerce, il leur fera
peut-être encore plus de bien, que s'il vivoit
avec eux, en tenant sans cesse les mains éle-
vées vers le Ciel pour en faire descendre les
graces dont ils ont besoin. On peut faire
des actions qui seroient très - utiles à la société par d'autres motifs, que par ceux que
renferme la notion que nous avons donnée
de la Vertu : mais quiconque les fait, est sans
mérite aux yeux de la vérité, & est indigne
d'être appellé vertueux.

CONCLUSION

DE CES OBSERVATIONS.

NOUS voilà arrivés au terme de nos *Obser-vations* : recueillons en les fruits. Le plus pré-cieux, sans doute, & qui s'offre de lui-même, est la force de la vérité du Christianisme. Que d'efforts pour l'abattre ! Tout a été mis en œu-vre : Histoire, Physique, Politique, Sarcas-mes, Déguiséments, Mensonges, Calomnies, &c. Nous venons de le voir. Mais à quoi se terminent tant d'efforts ? A montrer la passion impuissante de l'Agresseur, qu'on ne peut mieux comparer qu'à un vieillard irrité, lequel ne trouvant plus dans ses mains débiles & trem-blantes le moyen de se venger, se répand en un torrent d'injures qu'il répéte en cent fa-çons différentes. Parcourez, en effet, cette mul-titude de brochures attribuées par le Public à l'Auteur de la *Philosophie de l'Histoire*, & du *Dictionnaire Philosophique* : qu'y voyez-vous ? Un petit nombre de chicanes contre la Religion présentées sous de nouveaux titres, & presque dans les mêmes termes, sans jamais qu'il soit mention des réponses qu'on y a faites. Nous n'insistons pas d'avantage sur ce premier fruit.

Il en est un autre qui ne doit presque pas paroître moins digne de considération. C'est l'exposé du système de la Secte nouvelle. Où pourroit-on puiser plus sûrement ce système, que dans les deux ouvrages que nous venons de difcuter ? Ils embraffent une multitude d'objets, & on les donne à un Écrivain qui a la gloire de paffer pour le Chef de la Secte, & que fes partifans fe font un mérite de reconnoître pour leur Maître.

Quel eft le but de ce grand Maître ? Il parle fouvent Religion. Se propofe-t-il donc d'en fubftituer une nouvelle aux anciennes établies fur la terre ? Non : ce qu'il fe propofe, c'eft d'effacer de l'efprit des hommes l'idée de toute Religion, ou de rendre les hommes indifférents à toutes les Religions, comme étant toutes également mauvaifes. Eh ! Comment pourroit-il avoir un autre deffein, lui que nous avons vu uniquement appliqué à obfcurcir les idées naturelles de Dieu, de l'homme, de l'efprit, de la raifon, de la vertu ?

En vain chercheroit-on chez lui la diftinction de Dieu & de la Matiere, de l'homme & de la brute, de l'ame & du corps, de la raifon & des paffions, de la vertu & du vice. Il ne donne pour premiere origine aux foupçons, qu'il eft quelque Puiffance fupérieure à l'homme capable de lui faire du bien & du mal, qu'une impreffion de crainte caufée par des malheurs. S'il accorde à la raifon cultivée après des révolutions infinies de fiecles, de s'être fabriqué une idée moins imparfaite de la Divinité ; qu'eft-ce que cette idée chez lui ? Il femble que ce n'eft rien autre chofe que l'idée de la Matiere.

Sous quelle idée, en effet, préfente-t-il la Matiere ? Sous l'idée d'un Être éternel, exiftant par foi, actif, en mouvement. Il eſt vrai qu'il ſemble quelquefois attribuer à un autre Être cet arrangement de ſes parties qui conſtitue l'Univers : mais un Être tel qu'eſt la Matiere ſelon lui, pourroit-il ne pas avoir par lui-même l'arrangement de ſes parties.

D'ailleurs, qu'eſt-ce, ſelon lui, que cet Être qu'il ſemble reconnoître pour l'Auteur de l'arrangement des parties de la Matiere ? Il le fait entrer dans cette chaîne infinie des Êtres, dans cette gradation du plus petit Atôme juſqu'à lui comme au dernier terme de la chaîne. N'eſt-ce pas aſſez inſinuer, pour ne rien dire de plus, que cet Être fait partie des Êtres qui réſultent de la combinaiſon néceſſaire des parties de la Matiere ; que par conſéquent il n'eſt point l'Auteur de l'arrangement des parties de la Matiere ; & qu'il eſt plutôt une partie de cet arrangement, que la Matiere éternelle a par elle-même.

Ce qui paroît ne devoir laiſſer aucun doute, c'eſt ce qu'il dit à l'article *Senſations*, au ſujet de cet Être, dernier terme de la chaîne des Êtres. Il lui donne des ſens innombrables, dont le nombre va toujours en diminuant de Globes en Globes dans les corps organiſés, depuis lui juſqu'au plus petit inſecte qui rampe ſur la terre. Eſt-il poſſible de douter après cela que cet Être dernier terme de la chaîne des Êtres, non-ſeulement n'ait pu influer en rien dans l'arrangement des parties de la Matiere, mais qu'ayant un corps enrichi de plus d'organes que tous les autres corps de tous les Globes dont l'Univers est l'assemblage, il ne fasse partie lui-même de ces combinaisons infinies de la Matiere dans les corps organisés.

Mais le moyen le moins équivoque de nous assurer que nous avons bien saisi le principe de l'Auteur, c'est de voir s'il tire les conséquences qui en sortent naturellement : car les conséquences doivent être renfermées dans leur principe & servir à le développer.

Dans l'hypothese d'une Matiere éternelle qui par la combinaison nécessaire de ses parties soit le principe de l'Univers, l'ame est une propriété ou une faculté de penser & de sentir attachée aux corps organisés, & non une substance qui en soit distincte : la bête jouit de cette faculté de penser & de sentir, & ne differe de l'homme, que par le plus ou le moins de finesse & de perfection de ses organes : l'homme est aussi destitué, que la brute de toute liberté : la vertu n'est qu'une action utile ou à soi ou aux autres : tous les événements du monde n'étant qu'une suite des Loix du mouvement ou des chocs des corps, sont nécessairement enchaînés les uns aux autres, en sorte qu'ils ne sont susceptibles d'aucun changement. Telles sont en partie les conséquences qui dérivent d'une Matiere éternelle principe de l'Univers ; & elles sont établies disertement dans autant d'articles du *Dictionnaire.* A quoi se réduit donc le systême du *Dictionnaire ?* Au Matérialisme, systême monstrueux d'un Épicure ou d'un Straton, & dans ces derniers temps, d'un Spinosa, ou d'un Fréret sous le nom de *Trasibule.*

Nous craindrions de blesser l'équité, en l'attribuant dans son entier à tous les partisans de la Secte nouvelle: Nous n'osons même l'attribuer à notre Philosophe: nous aimons mieux nous persuader qu'en qualité de Maître, il n'étale point ses propres sentiments, mais seulement les divers sentiments de ses Disciples, pour se les conserver tous; ménageant leurs opinions, soit qu'ils soient Athées, soit qu'ils soient Matérialistes, soit qu'ils soient Fatalistes, soit qu'ils soient Vertueux ou Vicieux. Quoi qu'il en soit;

C'est à ce système, quelque révoltant qu'il puisse paroître, que l'aversion pour le Christianisme doit conduire un homme conséquent.

De quoi s'agit-il en effet dans la nouvelle Secte ? Il s'y agit d'abolir le Christianisme. Delà tant de déclamations ameres contre la premiere Révélation aussi ancienne que l'homme, transmise d'âge en âge jusqu'à Moïse par la Tradition, & confiée au Peuple Juif jusqu'à Jésus-Christ notre Seigneur, qui en étoit la fin. Mais pour réussir dans un si beau projet, il faut non-seulement renverser la Religion Juive; il faut de plus renverser, ou du moins obscurcir toutes les vérités naturelles attaquées par notre Philosophe. En effet concevez Dieu comme un Être infiniment puissant, bon, juste, qui a tout créé par sa parole, qui gouverne tout par sa Providence; concevez l'homme comme un Être composé de deux substances, l'une spirituelle, l'autre matérielle, destiné à connoître & à aimer son Créateur dans la

vie

vie préfente pour mériter de la connoître &
de l'aimer fans fin dans une vie future : concevez la vertu comme l'amour de l'ordre ;
vous fera-t-il poffible de douter des preuves de
Divinité dont eft entourée la Religion Chrétienne ?

Dans les idées du nouveau fyftême, toutes les preuves de la Divinité du Chriftianifme,
Miracles, Prophéties, étant impoffibles ; pour
rendre raifon de fon établiffement, il faut avoir
recours, avec la Secte nouvelle, à l'impofture
de fes Fondateurs, & à la folie de fes premiers
Sectateurs ; & pour rendre raifon de fa perpétuité, il faut, avec la même Secte, avoir
recours à la politique de nouveaux impofteurs.

Mais pofez une fois ces preuves de la Divinité du Chriftianifme ; ceffez de lui réprocher fon
intolérance : vos réproches feroient deraifonna-
bles. Si vous envifagez cette fainte Religion en
elle-même ; fon intolérance à l'égard des fauffes
Religions, eft l'intolérance de la vérité à l'égard
du menfonge. Si vous l'envifagez dans les difpen-
fateurs de fes Myfteres ; fon intolérance à l'é-
gard des contempteurs de ces biens, confifte
à les en exclure, parce qu'ils ne pourroient
que leur être nuifibles. Si vous l'envifagez dans
les Souverains fes protecteurs ; fon intolérance
fe reduit à les faire reffouvenir de ce qu'ils
doivent à Dieu, de ce qu'ils fe doivent à eux-
mêmes, de ce qu'ils doivent à leurs fujets,
comme étant les vengeurs des attentats contre
les Loix divines, contre leurs propres Loix,
contre l'innocence de leurs fujets.

II. Partie.   L

RÉPONSES

AUX

DIFFICULTÉS

ENVOYÉES DE PRUSSE

à M. l'Abbé FRANÇOIS.

yeux, rejettera avec horreur les fictions de nos nouveaux Philofophes comme des chimeres plus monftrueufes encore que celle des Platoniciens du quatriéme fiecle? Venons aux Objections. Voici ma réponfe. Les principes répandus dans les *Obfervations* s'y trouvent réunis comme fous un point de vue.

RÉPONSES

AUX

DIFFICULTÉS

ENVOYÉES DE PRUSSE

à M. l'Abbé FRANÇOIS.

Ou l'Auteur de ces Difficultés reconnoît la Révélation de la Religion Chrétienne, ou il ne la reconnoît pas ? S'il la reconnoît, peut-il avoir besoin d'une Réponse ? Seroit-il possible de lui en fournir une meilleure que celle que fournit la Révélation elle-même ? Dieu seul se connoît & a pu se faire connoître. Si l'Auteur des Difficultés proposées ne reconnoît pas la Révélation de la Religion Chrétienne, quelle Réponse seroit-il possible de lui faire, qu'il pût admettre ? Dès que Dieu se connoît seul, & a pu se faire connoître, ce n'est que dans la Révélation qu'il a faite de lui-même, qu'il est possible d'en puiser une juste idée, & par conséquent la Réponse aux Difficultés propofées. Ajoutez que la Révélation de la Religion Chrétienne étant fondée fur des preuves de faits de la plus grande évidence, notre Auteur s'il ne la reconnoît pas, doit être bien peu difpofé à fe rendre aux Réponfes qu'on feroit à fes Difficultés. Mais il faut l'entendre.

Il accufe d'abord les Chrétiens d'avoir une fauffe idée de Dieu : il propofe enfuite l'idée qu'il en a lui-même, & il finit par une Difficulté contre le Myftere de la Rédemption.

Idée de Dieu que l'Auteur de ces Difficultés attribue aux Chrétiens.

Il entre ainfi en matiere. « Dieu nous a
» faits à fon image; nous ne lui avons que
» rendu la pareille en le faifant à la nôtre.
» Admirateurs infenfés d'un pouvoir fans bor-
» nes, que nous ambitionnerions pour nous-
» mêmes, nous ne croyons pas bien conce-
» voir un Dieu, s'il ne peut jufqu'à l'impoffi-
» ble. Curieux de l'avenir autant que nous le
» fommes, nous n'avons garde de ne lui pas
» donner une préfcience abfolue, quand ce fe-
» roit le bouleverfement de la Religion & de la
» Morale. Glorieux & vains, nous voulons
» qu'il n'ait rien fait que pour fà gloire, &
» lui fouhaitons fort férieufement que fon Nom
» foit célébré dans nos affemblées. Vindica-
» tifs & cruels, c'eft à lui qu'il appartient la
» vengeance, & il l'exercera. Indifférents pour
» tout ce qui n'eft pas nous-mêmes, Dieu fe

» suffit au point que l'exiflence ou la non-
» exiflence, le bonheur ou le malheur de ce
» qu'il y a d'Êtres poffibles ne l'intéreffe en
» quoi que ce foit. Ennemis de la raifon &
» vils efclaves de nos caprices ; oh? Ce feroit
» rendre Dieu dépendant, que de croire que fa
» volonté fe dût régler fur le meilleur & le
» plus fage par le choix où elle fe fixe. In-
» dolents & pareffeux, nous allons nous figu-
» rer que l'emploi de fa Toute-Puiffance lui
» coûte ; nous lui faifons le compliment de
» dire que fa Grace eft victorieufe quand il
» lui plaît ; qu'il ne tient qu'à elle de nous
» rendre tous faints, tous heureux ; mais que
» fa Sageffe eft louable de ne point faire une
» dépenfe de Graces trop abondantes. Cœurs
» injuftes & tyranniques, portés, fi nous l'o-
» fions, à ne point reconnoître de droit que
» notre plaifir ; c'eft l'efpece de Juftice que nous
» mettons en Dieu. Envieux & jaloux ; ce
» coup de pinceau manquoit à fa reffemblance.

I. Quand on s'examine, on eft étonné de
trouver en foi tant de traits de grandeur. On
fe fent né pour le commandement: on fe fent
fupérieur à tous les corps de ce vafte Univers : on fe fent fait pour la vérité : on veut
être heureux, l'être conftamment, l'être toujours : on porte en foi un fentiment fi vif du
jufte, qu'on ne fauroit trop s'en écarter, fans fe
condamner foi-même : on eft tellement tou-
ché de la beauté de l'ordre qui regle les rangs
qu'on doit donner aux Êtres dans fon cœur,
qu'on ne peut, fans fe reprocher fa folie, ni

préférer aucun Être à celui de qui on tient l'exiſtence, ni ſe préférer aux Êtres égaux, ni s'attacher à ceux qui ne ſont faits que pour la conſervation de la moindre partie de ſoi-même. Que de traits de l'image de l'Être ſouverainement parfait ! Peut-il donc être douteux que l'homme ne ſoit fait à ſon image ? Mais de quels traits de baſſeſſe n'eſt pas couverte cette image dans l'homme! Courbé vers la terre, il ſemble n'y ramper, que comme les autres animaux privés de raiſon. Plongé dans les ſens, ſon eſprit eſt ſujet à toutes ſortes d'illuſions ; ſon imagination à toutes ſortes d'égarements ; ſa volonté à toutes ſortes de penchants déréglés ; ſon corps à toutes ſortes de miſeres. Quel eſt le dénouement de ces contradictions qui conſtituent l'Être de l'homme ? la Révélation nous le montre dans le double état par où nous avons paſſé ; dans celui, où nous ſortîmes pleins de lumiere & de droiture des mains du Créateur dans la perſonne de notre premier Pere ; & dans celui, où nous ſortons pleins de ténébres & de corruption, du même premier Pere devenu criminel.

II. C'eſt pour n'avoir pas ſû diſtinguer ces deux états de l'homme, que l'Auteur des Difficultés nous accuſe de nous former ſur nos vices l'idée de Dieu. C'eſt du premier état, & non du ſecond que nous tenons l'idée de Dieu, comme d'un Être auquel appartient eſſentiellement la Toute-Puiſſance, la Préſcience de l'avenir, la Grandeur ſuprême, le titre de ſouverain Juge des Intelligences, le Bonheur infini, la Regle effentielle des devoirs, la Liberté dans la diftribution de fes Graces, la Juftice dans la punition du vice & dans la récompenfe de la vertu.

Quelle autre idée eft-il donc poffible de fe former de l'Être parfait? Eft-ce que pouvoir tout ce qui eft poffible, connoître tout ce qui eft connoiffable, furpáffer infiniment fes ouvrages, en être la fin néceffaire, être indépendant dans fes opérations, fe fuffire pleinement à foi-même, punir & récompenfer l'homme felon fes mérites, ne font pas des perfections, & que ces perfections peuvent n'être pas auffi effentielles à l'Être parfait que l'A-feïté, l'Éternité, l'Immortalité?

III. Pour éloigner de l'Être parfait ces perfections : que fait l'Auteur? Il y mêle des abfurdités propres à les rendre ridicules. Nous faifons confifter, dit-il, la Toute-Puiffance dans le pouvoir de faire l'impoffible : nous donnons pour objet à la Préfcience le renverfement de la Religion & de la Morale : nous fuppofons fa Grandeur flattée par nos hommages ; fa qualité de Juge trouvant du plaifir à fe venger ; fon Bonheur à être auffi indifférent à l'égard des Êtres qu'il tire de l'état de poffibilité, qu'à l'égard des Êtres qu'il y laiffe ; fa volonté comme une Loi purement arbitraire des Êtres intelligents ; fa Toute-Puiffance comme bornée par fa Sageffe dans fes bienfaits à l'égard des mêmes Êtres ; fa Juftice comme réglant par fon unique bon plaifir la punition du vice & la récompenfe de la vertu : enfin fa Sainteté comme n'improuvant que par jalousie les Intelligences qui cherchent hors d'elle leur félicité.

IV. Où l'Auteur puise-t-il ces absurdités dont il lui plaît de défigurer l'idée de l'Être parfait? Dans son imagination, & non assurément dans la Révélation. L'impossible est le rien. Par conséquent le pouvoir de faire l'impossible, n'est pas un pouvoir ; car pouvoir rien & ne rien pouvoir est une même chose. Comment donc la Toute-Puissance seroit-elle le pouvoir de faire l'impossible ? Les vérités de la Religion & de la . Morale sont des vérités nécessaires, éternelles, immuables ; l'impiété seule peut donc travestir la Préscience divine en une science, pour ainsi dire, pratique ; capable ou de changer ces vérités en elle-même, ou d'en opérer le renversement dans les Intelligences. Mais l'impiété peut seule aussi refuser à Dieu la connoissance des efforts de ces esprits ou assez pervers pour vouloir renverser les mêmes vérités, ou assez malheureux pour ne vouloir pas y conformer leurs sentimens & leur conduite. Ce n'est pas, parce qu'il est flatté de nos hommages, que Dieu les exige ; c'est qu'étant notre fin essentielle, sans la connoissance & sans l'amour de laquelle nous ne pouvons être heureux, il n'a pu nous donner l'existence pour une autre fin. Que pouvons-nous donc désirer avec plus d'ardeur & pour nous & pour nos semblables, que de le connoître, lui qui est la vérité même, de l'aimer, lui qui est le bien souverain ? A quel Juge plus équitable pourroit convenir le droit

de venger l'innocence ? Seroit-il plus avanta-
geux que ce droit fut laiſſé à chaque particulier, ou que le crime demeurât impuni ? Eſt-
ce par beſoin, eſt-ce pour ſon bien que l'Être
par ſoi fait paſſer des Êtres de l'état de poſſi-
bilité à celui de l'exiſtence ? N'eſt-il pas heureux par le ſens intime, ſi on peut uſer de
cette expreſſion, qu'il a de ſa propre excellence ? Son bonheur reçoit-il quelqu'accroiſſe-
ment par l'exiſtence des Êtres, plutôt que
par leur non - exiſtence ? S'il crée des Êtres
capables de bonheur, c'eſt-à-dire, capables de le
connoître & de l'aimer, c'eſt par bonté : nulle
vue poſſible d'intérêt dans ſa bienfaiſance.

Il y a auſſi peu de raiſon à imaginer la
volonté de Dieu comme réglée par le meilleur & par le plus ſage, que de l'imaginer
comme réglant le meilleur & le plus ſage
par le choix où elle ſe fixe ? La volonté de
Dieu eſt l'ordre eſſentiel, par conſéquent la
Regle immuable de tout ce qui eſt bon, de
tout ce qui eſt ſage, dont par conſéquent
nulle Intelligence ne ſauroit s'écarter ſans devenir criminelle. Qui a jamais penſé que Dieu,
pour ménager ſa Puiſſance, ne diſpoſe pas des
eſprits & des cœurs par ſa Grace ? Qui peut
douter qu'il ne pût inſpirer à tous les eſprits
& à tous les cœurs la ſainteté & la ſageſſe ?
Mais qui peut douter qu'il n'ait pas fait, & ne
faſſe pas cet uſage de ſa Puiſſance pour des raiſons qui ſont au-deſſus de nos penſées ? L'Hiſtoire du Genre-humain eſt une bonne preuve
qu'il n'a jamais répandu également ſur la terre

la connoiſſance & l'amour de la vérité. Au reſte, quand il s'agit de grace, il s'agit d'un don qui n'eſt dû à perſonne : s'il l'accorde, c'eſt par ſa miſéricorde ; s'il le refuſe, c'eſt par Juſtice. Quel autre droit que ſon bon plaiſir eſt-il poſſible d'imaginer en Dieu par rapport aux dons de la grace ? Ceux mêmes de la nature ſont-ils dûs à l'homme ? Ils peuvent lui être refuſés ſans injuſtice, & de même qu'après qu'il en a été gratifié, il peut en être dépouillé ſans injuſtice. Oui, dans le ſtyle des Écritures, Dieu eſt envieux & jaloux du cœur de l'homme : mais qui ne voit que ce ſont des termes métaphoriques employés pour ſignifier, que Dieu ayant fait l'homme pour lui, comme étant ſa fin unique capable de le rendre heureux, ne peut l'approuver, quand par la préférence de quelque bien créé, il s'avilit, ſe dégrade, ſe rend malheureux. L'idée que l'Auteur accuſe les Chrétiens d'avoir de Dieu, n'eſt qu'une fiction de ſon imagination. Le Dieu des Chrétiens eſt l'Être parfait, tel qu'il s'eſt fait connoître lui-même par la Révélation. Mais voyons quel Dieu va ſubſtituer notre Auteur au Dieu des Chrétiens.

Idée de Dieu imaginée par l'Auteur de ces Difficultés.

Il termine ainſi les reproches qu'il fait aux Chrétiens au ſujet de l'Idée de Dieu qu'il leur prête. « Enfin nous ne ſongeons qu'à mettre ſur

» fur cette maffe énorme de vices ou de con-
» tradictions quelque dofe, hélas! d'une bonté
» prefque nominale, que nous ne lui attri-
» buons, que quand nous nous rappellons, que
» ce n'eft pas de nous qu'il s'agit, mais du
» maître qui nous gouverne ». Nous croyons
avoir fuffifamment repouffé l'injuftice de ces
reproches, & avoir démontré que cette maffe
de vices ou de contradictions, qu'il met fur le
compte des Chrétiens au fujet de l'idée de
Dieu, eft l'ouvrage, non des Chrétiens, mais
de fon imagination. Il ne doit donc plus être
queftion que de l'idée qu'il va nous donner
de fon Dieu.

Dans le portrait qu'il nous a tracé des hommes, qu'avons-nous vu fortir de deffous fon
pinceau? Des ambitieux; des curieux, des
glorieux pleins de vanité; des vindicatifs &
des cruels; des indifférents pour tout ce qui n'eft
pas eux-mêmes; des ennemis de la raifon, &
de vils efclaves de leurs caprices; des indo-
lents & des pareffeux; des injuftes & des ty-
rans; des envieux & des jaloux. Nous pen-
fions qu'en peignant ainfi les hommes, il fe
peignoit lui-même. Nous nous trompions; c'é-
toit ignorer fa modeftie. « O hommes, nous
» dit-il, quoique du même limon que vous, je
» me fens un autre cœur ». C'eft fur ce cœur
exemt de tous les vices des autres hommes,
comme fur un modele parfait, qu'il va nous
préfenter un autre Dieu, que celui des Chrétiens. « Si votre Dieu, leur dit-il, vous ref-

II. Partie.   M

» femble, permettez-moi que le mien me ref-
» femble un peu ».

Mais ce Dieu formé fur un fi beau modele
fera-t-il le vrai Dieu? Le vrai Dieu eft le
Créateur & le fouverain Modérateur de l'U-
nivers. En imaginer un autre, c'eft imaginer
un fantôme. Le Créateur & le Modérateur de
l'Univers eft - il donc reconnoiffable dans le
Dieu fortant du cœur de l'Auteur? J'apperçois
dans ce cœur un grand fond d'amour-propre,
ennemi de toute dépendance & de toute con-
trainte, voulant difpofer en maître de fon fort,
ne connoiffant ni juftice ni devoirs, ou au
moins aucune peine attachée à la violation
de la juftice & des devoirs; en un mot mû &
dirigé par une prétendue bonté, dénuée de
lumiere, de liberté, de juftice. Pofons quelques principes.

Le vrai Dieu, comme nous venons de l'obferver, eft le Créateur & le modérateur de
l'Univers; il a tout fait & régit tout: pré-
mier principe. Le Créateur eft la Sainteté même incompatible avec tout défaut; la Juftice
même incapable d'approuver le vice, & de le
laiffer impuni : fecond principe. Voici deux
faits : 1° les hommes naiffent avec des penchants vicieux, & la plûpart s'y livrent; 2°
tous dès la naiffance font plus ou moins miférables jufqu'à la mort. Deux faits incon-
teftables; le premier de l'aveu de notre Auteur; le fecond de l'aveu de tous les hommes.
Ce font ces faits qu'il s'agit de concilier avec

les deux principes, que nous venons de poser comme étant de la derniere évidence.

Voyons si le cœur de notre Auteur va nous présenter le Dieu Créateur & Modérateur de l'Univers, qui soit la Sainteté & la Justice même. Mais qu'est-il possible d'attendre d'un Enthousiaste, qui veut que Dieu lui ressemble un peu?

Se supposant Dieu, « je ne voudrois point, » dit-il, de la Toute-Puissance pour n'être qu'un » tyran ».

Mais si vous êtiez Dieu, vous seriez le Dieu Créateur; pourriez-vous donc n'avoir pas la Toute-Puissance? En conçoit-on une plus grande qu'une volonté qui n'a qu'à vouloir pour tirer les Êtres du néant? Est-ce que le Créateur peut être un tyran? Quelle injustice lui est possible à l'égard de ses créatures? Elles ne font, que parce qu'il veut qu'elles soient: elles n'ont de réalité que ce qu'elles en reçoivent de lui à chaque instant.

« Je ne voudrois point, continuez-vous, de » la Divinité, pour ne faire que ce que nous » attribuons à Dieu; je rougirois de ce rang » suprême, s'il restraignoit mes inclinations » bienfaisantes ».

Ce ne font pas les Chrétiens, qui attribuent au Dieu Créateur des choses indignes de lui: c'est vous-même que nous avons convaincu de ces blasphêmes, pour en faire un Dieu semblable à vous. Le Dieu Créateur ne déploye sa Puissance que pour exercer sa bienfaisance: mais infiniment libre de tirer du néant des créatures, ou de les y laisser, il ne l'est pas moins à répandre ses dons sur elles dans la mesure qu'il lui plaît, & que comporte leur nature, laquelle, dès là qu'elle est créée ne sauroit être que bornée & infinie.

« Je détesterois, poursuivez-vous, ma Sa-
» gesse, s'il elle alloit me persuader qu'il n'est
» pas à propos que tout soit saint, quoique
» la chose soit très-possible ».

Tous les hommes peuvent être saints : mais tous ne le font pas : donc la Sagesse du Dieu Créateur n'exige pas de lui que tout soit saint : donc votre Sagesse qui ne mettroit point de borne à vos inclinations bienfaisantes, ne seroit pas la Sagesse du Dieu Créateur.

Enchérissant sur votre Enthousiasme, vous demandez. « Un Dieu peut-il faire un Dieu de
» ce qui n'est pas Dieu ? Je ferois Dieu, ajou-
» tez-vous, tout ce qui n'est pas Dieu ? Je m'u-
» nirois, hypostatiquement, comme vous dites,
» à chaque Être & à tous les Êtres : je les ren-
» drois mes égaux ; & s'il en étoit besoin,
» j'oublierois que je les aurois faits mes égaux.
» La chose dont ma Divinité se passeroit le
» mieux, ce seroit d'encens & d'adorations ».

Quelle question ! « Un Dieu peut-il faire un
» Dieu de ce qui n'est pas Dieu ? » Un Dieu peut-
il être fait ? Pour quelle fin vous uniriez-vous hypostatiquement à chaque Être & à tous les Êtres ? Ou ces Êtres seroient saints avant votre union, ou ils le deviendroient par votre union. Si les Êtres n'étoient pas saints, votre union hypostatique seroit incompatible avec

le vrai Dieu, qui est la Sainteté même. S'ils étoient saints, votre union hypostatique seroit inutile.

« Je donnerois, dites - vous, à Dieu des » égaux ».

Est-ce que ces Êtres que vous auriez faits en les faisant passer du non Être à l'Être, ne demeureroient pas toujours finis & bornés en eux-mêmes, & pourroient-ils jamais devenir vos égaux, si vous étiez l'Être infini ?

« J'oublierois, ajoutez-vous, que je les au- » rois faits mes égaux. La chose dont ma » Divinité se passeroit le mieux, ce seroit d'en- » cens & d'adorations ».

Est-ce que Dieu est capable d'oubli ? Quoi ! Votre Divinité se passeroit d'encens & d'ado- rations de la part de ces Êtres que vous au- riez comblés de tant de bienfaits ? Il est vrai que l'adoration ne vous conviendroit gueres de la part de tous ces Dieux vos égaux : mais enfin, vous devant leur Divinité, ne vous devroient - ils pas quelque tribut de recon- noissance ? Que de sottes absurdités ! Ne nous lassons pas néanmoins d'entendre notre Enthou- siaste.

« N'est-il pas possible, dit-il, de faire des » Dieux : je ferois des heureux. Est-il contra- » dictoire que des Êtres soient heureux, s'ils » ne sont pas saints & justes ? Pour le plus » sûr, je les rendrois moi-même saints & justes : » mais cela même est-il encore contradictoire, » en ce que seroit faire leurs actions, les » actions d'Êtres libres; ce qui est absurde. Au

» moins j'influerois de la grace la plus abon-
» dante & la plus univerſelle, & je tiendrois à
» chaque inſtant la diſpoſition des choſes la
» plus favorable qu'il ſeroit poſſible ; en cha-
» que cas je prendrois le parti le meilleur : je
» n'en connois point d'autre ».

» Si votre Divinité ne pouvoit faire des
» Dieux, vous feriez, dites-vous, des heureux. »
Votre Divinité n'eſt donc, ni la Créatrice, ni la
Modératrice de l'Univers, où il y a tant de malheureux. Eſt-ce un problême à propoſer, ſi
la Divinité peut rendre heureux des Êtres qui
ne ſeroient ni ſaints, ni juſtes ? Eſt-ce que
la Divinité étant eſſentiellement ſainte & juſte,
on peut lui plaire ſans être ſaint & juſte ?
De plus la Divinité étant la vérité & le bien,
peut - on la connoître & l'aimer, ſans être
ſaint, ſans être juſte ?

« Pour le plus ſûr, dites - vous, vous les
» rendriez vous-même ſaints & juſtes : mais cela
» même, ajoutez-vous, eſt-il contradictoire,
» en ce que ce ſeroit faire leurs actions, les
» actions des Êtres libres ; ce qui eſt abſur-
» de. » Quelle abſurdité y a - t - il donc, que
votre Divinité étant toute - puiſſante, pût
faire les actions de ſes créatures libres ,
en les faiſant par elles & avec elles ? Eſt-
ce que des créatures peuvent être en rien
indépendantes du Créateur ? C'eſt de lui qu'elles
tiennent à chaque inſtant leur liberté ; pourquoi n'en tiendroient-elles pas l'exercice dans
leurs bonnes actions ? Le Créateur des Eſprits
eſt leur lumiere & leur moteur : c'eſt donc lui

qui les éclaire fur leurs devoirs, & qui les leur fait aimer. En agiffant ainfi fur eux, il ne leur ôte ni leur activité ni leur liberté: puifque, d'un côté, il n'agit fur eux que pour les faire agir eux-mêmes; & que de l'autre il leur laiffe le pouvoir, & de vouloir ne pas agir, & de vouloir d'autres objets que leurs devoirs.

L'amour qu'il leur infpire pour leurs devoirs, peut donc bien faire, & fait réellement, quand il lui plaît, qu'ils les aiment effectivement. Mais cet amour n'eft nullement incompatible avec le pouvoir de vouloir ou d'aimer des objets oppofés, parce qu'il n'eft nullement incompatible avec le pouvoir de connoître d'autres objets attrayants, ni conféquemment avec le pouvoir de les embraffer. Jufqu'à ce que le fouverain Bien fe montre aux Efprits dans toute cette clarté avec laquelle ils font capables de le voir ; & qu'il leur faffe fentir toute la dépendance où ils font de lui pour être heureux, ils conferveront le malheureux pouvoir de s'attacher à de frivoles biens, & d'y chercher leur bonheur; par conféquent de fe rendre méchants.

Les Efprits n'ont pas befoin de grace pour faire le mal. Il n'eft aucune mauvaife action que leur volonté toujours libre à cet égard, ne puiffe vouloir ou ne vouloir pas faire. En effet le plus grand crime, & qui eft la fource de tous les autres, dont les Efprits puiffent fe rendre coupables, eft celui de ne pas aimer Dieu. Or pour tomber dans ce crime, il fuffit qu'ils s'aiment eux-mêmes, & qu'ils aiment d'autres objets créés comme leur fin derniere fans rapport à Dieu. Et c'est ce qu'ils ne manquent jamais de faire, quoique très-librement, lorsque Dieu ne leur donne point la grace, sans qu'il leur soit possible de réjetter un tel amour sur l'absence de la grace. Car l'absence de la grace n'est cause de rien. Ce qui n'est pas ne peut produire d'effet. C'est la volonté seule qui est la cause d'un tel amour défectueux. C'est parce qu'elle veut, qu'elle aime la créature à la place de Dieu, sans y être nécessitée en aucune sorte. Elle pourroit ne la pas aimer si elle vouloit. Il n'est aucun de ces objets qu'elle aime ainsi en particulier, auxquels elle soit fixée nécessairement. Et certes, combien de genres divers de prétendus biens particuliers laissés au choix des Esprits dominés ou par l'orgueil, ou par l'avarice, ou par la volupté ?

En deux mots, l'amour de Dieu comme fin derniere, communiqué aux Esprits, n'est pas un Être créé hors d'eux, puis transplanté dans eux. C'est dans leur volonté, c'est par elle & avec elle qu'il est formé. Comment donc seroit-il contraire à leur activité ? Ils aiment dès-là même leur Dieu, parce qu'ils veulent l'aimer : ils l'aiment plus que tout autre bien, parce qu'ils le veulent plus aimer : ils le veulent plus aimer, parce qu'ils le jugent plus aimable. Comment donc cet amour seroit-il contraire à leur liberté ? Il est leur plus grand intérêt, qui ne sauroit manquer d'être en eux la source de toutes sortes de bonnes actions.

Si l'amour de Dieu comme fin derniere s'allie

fi bien avec l'activité & la liberté des Efprits, il eft manifefte que leur amour des chofes créées comme leur fin derniere, n'a rien de contraire à ces mêmes propriétés. Ils portent en eux-mêmes le fond de cet amour injufte, qui devient bientôt dominant dans l'ame qui s'y livre; & il y eft la fource de toutes fortes de mauvaifes actions.

On diroit fans fondement que l'abfence de la grace les laiffe dans l'impuiffance abfolue de ne pas tomber dans l'amour injufte des biens créés, & de fe relever de leur chûte; que par conféquent les Efprits abandonnés à eux-mêmes, font néceffités à aimer ces faux biens.

Il s'enfuit bien de l'abfence de la grace qu'ils aimeront les biens créés au lieu du Créateur; puifque d'un côté ils ne peuvent être fans amour quelconque de quelque objet créé ou incréé; & que d'un autre côté, la grace eft l'infpiration même de l'amour du Créateur. Mais ils ne s'enfuit nullement qu'ils foient dans l'impuiffance abfolue d'avoir ce faint amour. La Foi & la Charité font bien certainement des effets de la grace; mais, dit faint Auguftin, le pouvoir d'avoir la Foi & la Charité eft dans la nature des Efprits. On conçoit même que dans ce defir qui leur eft effentiel d'être heureux, toujours, immuablement, infiniment, ils ont en eux-mêmes de quoi influer dans l'amour du Créateur; ce defir embraffant, comme il eft évident, plufieurs Attributs divins.

Mais en fuppofant même que les Efprits

privés de la grace n'euffent que la capacité de recevoir l'amour du Créateur, feroit-on en droit de les regarder comme étant dans une impuiffance abfolue d'aimer leur Créateur? Eft-il donc néceffaire, pour avoir le pouvoir d'aimer le Créateur, d'avoir ce pouvoir dans fon propre fonds? Ne fuffit-il pas de pouvoir l'avoir par le fecours même du Créateur,& qu'on ne foit privé de ce fecours que par fa faute? Or, c'eft précifement dans ce dernier cas que fe trouve tout Efprit dénué de l'amour de fon Créateur. C'eft parce qu'il n'a pas voulu comme il l'avoit pu, & qu'il ne veut pas comme il le pourroit s'il le vouloit, prendre les moyens fous lefquels le Créateur fe plaît à cacher fes opérations dans les cœurs, ni s'éloigner de ce qui peut être un obftacle aux mêmes opérations ineffables. En effet, pourquoi cet homme eft-il tombé, & languit-il dans le honteux efclavage, ou de la vanité, ou de la cupidité, ou de la volupté? C'eft qu'il n'a pas voulu, & qu'il ne veut point encore réfléchir fur le néant de ces vices; en comparer les objets avec les biens promis par l'Evangile; entrer dans les voies qui conduifent aux vertus contraires aux mêmes vices; faire des efforts contre les faux attraits des diftinctions, des richeffes, des plaifirs fenfuels; embraffer la retraite, le filence, l'aumône, la lecture des bons livres, la priere, en un mot une vie ferieufe, appliquée, laborieufe, pénitente.

Chacun fent qu'il eft maître d'embraffer ces pratiques. Les rejetter pour s'accommoder à celles du monde tout plongé dans l'amour des choses fensibles, c'eft vouloir perdre la grace, & vouloir ne la récouvrer jamais ; c'eft s'ériger un autre Dieu que le Dieu véritable, ou du moins vouloir faire agir felon fa fantaifie le Dieu véritable, dont la conduite ordinaire dans l'ordre de la grace paroît être la même que celle qu'il fuit dans l'ordre de la nature. Les travaux des hommes dans l'ordre du dernier genre font le voile dont il couvre fa Providence bienfaifante à leur égard. De même, certaines obfervances, prefcrites par la raifon autant que par la Religion, paroiffent être dans l'ordre du premier genre le voile fous lequel il agit fur les cœurs. Il eft donc clair, ce femble, que l'abfence de la grace ne peut fervir d'excufe à quiconque eft affez malheureux pour ne pas aimer le Créateur, aucun homme qui jouit de la raifon ne pouvant ignorer invinciblement l'exiftence du Créateur; que le Créateur eft fon principe & fa fin; par conféquent que l'homme doit l'aimer par-deffus toutes chofes.

« Votre Divinité influeroit, dites-vous, » la grace la plus abondante & la plus uni- » verfelle ». Elle pourroit, fans doute, le faire; mais elle feroit maîtreffe de ne le pas faire : car qui dit grace, dit une chofe qui n'eft pas dûe, qui peut être également refufée & accordée. D'ailleurs nulle preuve qu'elle reffemblât en cela à la Divinité Créatrice & Modératrice de l'Univers. Car la grace eft du côté de l'efprit une lumiere falutaire qui montre le devoir, & du côté de la volonté un pieux mouvement qui porte à le remplir, ou qui le fait remplir : or, quelle preuve est-il possible d'avoir que chaque homme se sente éclairé sur chacun de ses devoirs, & se sente incliné à le remplir ?

« Vous tiendriez à chaque instant la disposi- » tion des choses la plus favorable qu'il seroit » possible ».

Quoi ! Sans aucun égard ni à la sainteté, ni à la justice de vos créatures, vous les trai- teriez toutes également ! Certes la sainteté & la justice vous seroient bien indifférentes : ce n'est pas ainsi que se conduit le Créateur. Les coups dont il frappe incessamment les hom- mes, sont des preuves que les hommes ne sont pas innocents.

« En chaque cas vous prendriez le parti » le meilleur ». Entendez - vous le parti le meilleur rélativement au plan du monde que vous auriez choisi ? Ou entendez - vous le meilleur en soi absolument ? Ou enten- dez - vous le meilleur rélativement à vos créatures ? Il n'est pas douteux qu'en chaque cas le vrai Dieu ne prenne le parti le meil- leur rélativement au plan du monde qu'il a choisi : mais pour prendre le meilleur en soi absolument en chaque cas, il n'auroit dû créer aucun monde ; car quelque monde qu'on imagi- ne, on n'en conçoit point qui ne puisse être meil- leur, des mondes toujours plus parfaits à l'in- fini étant possibles ; parce que tout Être créé étant fini, est susceptible de dégrés de perfe- ctions à l'infini, sans pouvoir jamais atteindre l'infini. Il n'est pas moins constant qu'il n'a pas

pris le parti le meilleur relativement à chacune de ses créatures. Car combien d'hommes
sur la terre qui ne semblent nés que pour
le malheur de la société! Combien d'Enthousiastes qui ne semblent nés que pour l'impiété!
Ne vaudroit-il pas mieux pour ces monstres
de n'être jamais nés?

La Divinité de notre Enthousiaste, de mauvaise humeur contre les Prêtres Imposteurs,
emprunte le langage que Virgile met dans la
bouche de Neptune contre les vents déchaî-
nés sans son ordre dans son Empire.

« Ah, dit-il, je sens que malgré cette na-
» ture bienfaisante, je serois pourtant un Dieu
» terrible & jaloux. Oui, pour ces Docteurs qui
» substituent à l'idée du vrai Dieu, des Dieux
» monstrueux d'après lesquels ils vous égarent.
» Le souffle de ma colere les dévoreroit com-
» me la paille, & renverseroit, abîmeroit le
» Temple & les Idoles. Que dis-je? Je garde
» mal le caractere de ma Divinité: l'homme
» perce: me voilà homme: me voilà tout sem-
» blable à vous & à vos Dieux, un Ange ex-
» terminateur. Pourquoi les perdre ces Prê-
» tres Imposteurs & cruels? Ne vaudroit-il pas
» mieux employer mon pouvoir divin à leur
» changer le cœur par l'efficace de la grace,
» si l'efficace de la grace va jusques-là; ne
» blesser que pour guérir; ne châtier que pour
» rendre meilleur, anéantir enfin, ou plutôt ne
» point créer, s'il étoit des Êtres que ni châ-
» timents, ni graces ne pussent rendre meil-
» leurs? »

Nous n'ignorons pas quels font ces prétendus Impofteurs, que vous accufez de faire des
Dieux monftrueux. Nous ne répéterons pas
que votre accufation ne porte que fur des
fpectres hideux qu'il vous plaît de prêter aux
Chrétiens, & qui ne font que des productions
de votre imagination exaltée. Votre Divinité
offre encore ici une preuve bien manifefte,
qu'elle n'eft pas le vrai Dieu Créateur qui
fouffre tant de méchants fur la terre, fans les
changer par fa grace efficace, fans les corriger par fes châtiments, fans les anéantir après
les avoir créés.

Enfin notre Enthoufiafte finit par cette profeffion de foi fur fa Divinité. « O mon Dieu?
» ô mon Dieu? Ce n'eft qu'un foible crayon
» de l'excellence que je reconnois en vous.
» Vous êtes la principale, & en un fens l'unique
» fource de tout le bien qui fe trouve & fe
» trouvera jamais dans un monde infini en
» étendue comme en durée. Vous y entretenez
» à chaque inftant la meilleure difpofition que
» la liberté effentielle des Êtres & leur malice
» peuvent comporter: vous n'influez en rien
» aux défordres vraiment défordres, aux maux
» vraiment, maux qui ont troublé & corrompu
» la maffe; mais vous dirigez tout de la ma-
» niere la plus rapide qui foit poffible au plus
» grand avantage de tous les Êtres. C'eft ce
» que je profeffe, non de bouche ou par un
» langage contradictoire, mais avec la perfua-
» fion de l'efprit la plus fixe, & la fenfibilité
» du cœur la plus complette & la plus vive

» dont un des fils de l'homme foit fufcepti-
» ble ».

Quelle autre fource que le Créateur feroit-
il poffible de concevoir du bien qui fe trouve
& qui fe trouvera jamais dans le monde? Tout
ce qui exifte, n'exifte que par fa volonté :
tout ce que les Êtres ont de bon, ils le tiennent de fa main libérale. Il n'influe en rien
aux défordres & au mal moral: fon action a
toujours un effet réel: or, le défordre ou le
mal moral, eft non une réalité, mais un défaut, ou une privation de rectitude, dont les
volontés libres des créatures font feules fuf-
ceptibles, en ne donnant pas à leurs actions
la rectitude qu'elles peuvent & doivent avoir.

Nous n'entendons pas fi bien ce que veut
dire notre Auteur, en difant du monde, qu'il
eft infini en étendue & en durée. Eft-ce que
fi le monde eft l'ouvrage de fon Dieu, il peut
être infini, foit en durée, foit en étendue?
Pour être infini en durée, il faudroit qu'il fût
éternel. Or, pourroit-il être créé fans avoir
un commencement? Et ayant un commencement, pourroit-il être éternel? De même, s'il
eft créé, pourroit-il être infini en étendue?
Pour être infini en étendue, il faudroit que
le Créateur ne pût rien faire de plus grand.
Ajoutez que le monde n'étant que l'affemblage
d'Êtres finis en étendue, de même qu'en durée, il ne peut réfulter d'un tel affemblage
qu'un monde fini; car l'infini ne peut réfulter
du fini.

Nous entendons auffi peu ce qu'il attribue

à ſon **Dieu**, de diriger tout de la maniere la plus rapide qui ſoit poſſible au plus grand avantage de tous les Êtres. Il s'enſuivroit de là, que cet état dans lequel nous naiſſons ſujet à tant d'inclinations perverſes & à tant de miſeres, ſeroit notre état naturel; qu'il étoit impoſſible au Créateur de nous créer meilleurs & plus heureux; qu'il lui eſt de même impoſſible de nous rendre meilleurs & plus heureux.

Comment notre Auteur, qui paroît ſi content de cette idée de ſon Dieu, peut-il s'y être livré ſans être glacé d'effroi, & ſans déſirer d'être reſté dans le néant, plutôt que d'en être ſorti? Car enfin n'a-t-il pas dû craindre que cet état de perverſité & de miſeres, dans lequel il eſt né, ne ſubſiſtât éternellement? Pour ne pas craindre un tel malheur, il faudroit de deux choſes l'une, ou qu'il pût ſe flatter qu'en mourant tout meurt en lui, ou que s'il ſe ſurvit à lui-même, l'Auteur de ſon Etre changera ſes penchants funeſtes & ſes miſeres affreuſes, en lui donnant l'amour de l'ordre, & en le rendant heureux. Mais quelle preuve lui eſt-il poſſible d'avoir, qu'en mourant tout meurt en lui? Et s'il ſe ſurvit à lui-même, que peut-il attendre de l'Auteur de ſon Être pour l'éternité, dès que l'Auteur de ſon Être, dirigeant tout de la maniere la plus rapide qui ſoit poſſible au plus grand avantage dé tous les Êtres, n'a pu rendre meilleures & plus heureuſes, ni ſa naiſſance, ni ſa vie ſur la terre.

Oh! Que la Religion Chrétienne nous offre

de

de Dieu une idée bien plus confolante ? Elle nous montre Dieu créant le premier homme pour être heureux, en le créant pour le connoître & pour l'aimer lui qui eft la Vérité fouveraine & le fouverain Bien, & lui infpirant effectivement fa connoiffance & fon amour, par conféquent en le rendant heureux. Il eft vrai, que l'ayant créé libre, il ne l'a pas empêché d'abufer de fa liberté en lui préférant d'autres objets, de devenir par conféquent criminel, & de mériter d'être malheureux éternellement : mais il femble n'avoir permis fa chûte, que pour faire éclater fa bonté à fon égard, en lui promettant auffi - tôt un Libérateur. Il eft vrai encore, que les mérites de ce Libérateur ne feront pas également appliqués à tous fes Defcendants infectés de fon crime. Il eft vrai même, que ce ne fera qu'à un petit nombre que ces mérites feront appliqués. Il eft encore vrai cependant, que le défaut de cette application ne vient ni du défaut des mérites infinis, ni de la volonté du Libérateur, mais du défaut des hommes qui fe rendent indignes de l'application de fes mérites, foit que le Libérateur ne leur ait pas été annoncé, foit qu'il leur ait été annoncé. Dans le premier cas, c'eft pour avoir fermé les yeux à la lumiere, que le Libérateur comme *Verbe* fait luire dans les efprits les plus ténébreux fur les devoirs les plus effentiels à la créature envers le Créateur, envers elle-même, envers fes femblables. Dans le fecond cas, c'eft ou pour avoir refifté à la vérité qui fe montroit clairement à eux; ou pour ne l'avoir reçue que dans leur esprit, sans avoir voulu la recevoir dans leur cœur, afin d'y conformer leurs sentiments & leur conduite : celui qui nous a créés sans nous, dit saint Augustin, ne nous sauvera pas sans nous.

Nous ne nous arrêtons pas à diverses questions qu'on peut faire sur ce sujet, en demandant, par exemple, Pourquoi Dieu laisse périr un si grand nombre des Descendants du premier homme ? Pourquoi il n'en sort qu'un petit nombre d'Élus ? Pourquoi tels Descendants plutôt que tels autres ? De semblables questions nous paroissent impertinentes. N'est-ce pas demander dans la premiere; pourquoi Dieu est juste en ne sauvant pas des criminels ? Dans la seconde; pourquoi Dieu est libre en rendant l'innocence à des criminels par l'effusion de son amour dans leurs cœurs? Dans la troisieme; pourquoi Dieu est incompréhensible dans ses voies, aussi impénétrable dans ses jugements, qu'il l'est dans son essence ?

Quelque petit que soit le nombre des Élus qui doivent être sauvés par les mérites du Libérateur, qui peut désespérer d'être de ce nombre, & ne pas s'efforcer de s'assurer d'en être par les bonnes œuvres? Chacun doit se fier à la Bonté de Dieu: c'est par la confiance qu'on doit honorer cet attribut de Dieu en particulier; de même qu'on honore sa Véracité par la foi en sa parole, sa Justice par la crainte de ses jugements, sa Volonté comme cause des événements par la soumission aux ordres de fa Próvidence, fa Volonté comme Loi des efprits par la conformité de fes penfées & de fes fentiments, &c.

Mais dans l'idée de l'Auteur, nulle efpérance poffible de n'être pas éternellement malheureux. La Bonté de fon Dieu n'eft pas libre dans fa bienfaifance à l'égard des hommes: elle leur fait tout le bien qu'elle peut, fans les rendre néanmoins dans la vie préfente ni meilleurs, ni plus heureux. Qu'eft-il donc poffible d'en attendre après cette vie, fi ce n'eft ou un malheur éternel, ou l'anéantiffement? Nul motif non plus dans les idées de cet Auteur de préférer la vertu au vice: car il ne paroît en aucune forte attribuer à fon Dieu une Juftice qui ait des peines pour le vice & des récompenfes pour la vertu.

Qu'eft-ce que l'homme! Il a des paffions: il les chérit: il n'eft point de fictions auxquelles il ne fe livre pour les innocenter. Peu inquiet de les voir condamnées par fa raifon, il craint que Dieu ne les condamne auffi. Pour fe raffurer, il travaille fur l'idée de Dieu, & il tâche de la faire fympatifer avec fes paffions. Prefque toutes les Nations anciennes avant Jéfus-Chrift la chargerent de toutes les foibleffes humaines dans leur Jupiter & les autres Divinités: aujourd'hui, fi on l'admet, l'idée de Dieu, on la mutile, on en rétranche la Sainteté, la Liberté, la Juftice; & on n'y laiffe qu'une Bonté qui fait tout ce qu'elle peut pour rendre heureux tous les Êtres: comme fi la Bonté divine, quoiqu'infinie en elle - même, n'étoit pas libre de se borner dans ses effets , & qu'elle fût obligée d'empêcher les Etres libres d'abuser de leur liberté , & de mériter d'être malheureux. Quelle folie de prétendre que par des fictions de son imagination on fera que Dieu ne soit pas ce qu'il est , & qu'en violant ses Loix on échappera à ses vengeances ! Quiconque en réfléchissant sur les égaremens de l'esprit humain en matiere de Religion , ne sent pas la nécessité & l'avantage d'être éclairé des lumieres de la Révélation , est un aveugle qui ne sent pas la différence de la lumiere & des ténébres ; ou un ingrat qui ne veut pas la sentir. Passons à la Difficulté contre la nécessité du Mystere de la Rédemption.

Difficultés contre la nécessité du Mystere de la Rédemption.

I. L'Auteur ennemi de l'idée que les Chrétiens ont de Dieu , est trop conséquent pour admettre le grand Mystere de la Trinité , source de tous les autres qui sont l'objet de leur Foi. Il n'attaque néanmoins ici qu'indirectement leur grand Mystere ; mais ce Mystere n'étant pas moins inconciliable que leur Dieu avec le Dieu qu'il s'est forgé , ne doit pas lui paroître moins absurde. Nous le défions néanmoins de montrer qu'il renferme rien d'absurde , à moins que tout ce qui est au-dessus de sa foible raison , ou plutôt de son imagination , ne soit absurde.

En effet quelle abſurdité peut-il y avoir à concevoir dans l'Être parfait une communication de ſon eſſence à un Fils & à un Saint-Eſprit; que par conſéquent l'Etre parfait ſoit Pere, Fils, Saint-Eſprit? Pourquoi l'Être parfait ſe connoiſſant lui-même ne produiroit-il pas une image ſubſiſtante & vivante de lui-même, & qui ſoit un autre lui-même? Il n'en eſt pas de cette Connoiſſance que l'Être parfait a de lui-même comme de nos perceptions: nous les recevons, & nous ſommes à leur égard purement paſſifs: la Connoiſſance que l'Etre parfait a de lui-même, eſt une action réelle, qui doit avoir un terme réel. Qu'eſt-ce que peut être ce terme, ſinon une image ſubſiſtante & vivante qui le repréſente trait par trait, & dans laquelle il voit ſon Eſſence comme dans un miroir, & tous les Êtres poſ-ſibles avec tous les rapports de moyens, de fin, de cauſes & d'effets, qu'ils peuvent avoir entr'eux dans les plans de tous les mondes poſſibles? Voilà donc l'Être parfait qui eſt Pere & qui a un Fils. Pourroit-on refuſer à ce Pere & à ce Fils de s'aimer d'un amour infini? Amour qui eſt une action réelle, qui doit par conſéquent avoir un terme réel, qui embraſſe toute l'Eſſence du Pere & du Fils; par conſéquent qui ſoit un amour ſubſiſtant & vivant égal au Pere & au Fils, une troi-ſiéme Perſonne, le Saint-Eſprit.

C'eſt, en effet, ſous ces idées que Dieu ſe fait connoître dans nos Livres Saints. On y voit le Pere Éternel comme le Dieu inviſible, le Dieu caché, le Saint, le Juste, la Vie des Intelligences, à qui les deux autres Personnes rapportent tout comme au principe de leur Divinité, opérant tout par son Fils qui est son Verbe, sa Parole, sa Sagesse infinie ; & le Pere & le Fils opérant tout dans les cœurs par le Saint-Esprit, qui y répand son amour seul capable de régler les cœurs. En deux mots, pour attaquer notre Mystere ineffable, il faudroit montrer que l'Essence divine ne peut être communiquée à trois Personnes sans se multiplier, sans par conséquent, qu'il y eût trois Dieux: mais ce seroit confondre grossiérement l'Essence divine avec les Essences créées. Celles-ci étant finies ne sauroient se trouver dans plusieurs individus sans être multipliées: au lieu que l'Essence divine étant infinie, peut être commune aux trois Personnes divines, & conserver son Unité.

II. Venons à la Difficulté.

« L'homme, dit-on, ayant péché, c'en étoit
» fait de l'espece humaine. Elle ne pouvoit
» éviter la damnation, s'il n'y eût eu, non pas
» trois absolument, mais pour le moins deux
» Personnes en Dieu. Voici pourquoi. L'of-
» fensé étant infini, l'offense l'étoit, & elle
» demandoit par conséquent une réparation
» infinie; point de tel réparateur, s'il n'y eût
» eu, ou deux Dieux, ce qui n'est pas pos-
» sible, ou deux différentes Personnes en un
» seul Dieu, dont l'une fut en état de satis-
» faire à l'autre. MM. les Orthodoxes ne m'a-
» nathématisez pas, je vous en supplie; mais

» au nom de Dieu, levez-moi cette effroyable
» Difficulté. Le Fils fut - il ou ne fut - il pas
» offenſé par le péché d'Adam ? S'il fût offen-
» ſé, il s'eſt donc appaiſé de lui - même, &
» ſans qu'il fût beſoin de ſatisfaction ; il eſt
» donc faux qu'un Dieu ne puiſſe s'appaiſer
» ſans ſatisfaction, & ſans une ſatisfaction infi-
» nie. Il reſte que vous diſiez que le Fils n'a-
» voit point été offenſé : en auriez - vous le
» front ? En vérité, vous nous donnez de Dieu
» le Pere une étrange idée, ſoit qu'il ſe fâche
» quand les autres ne ſe fâchent point, ſoit
» qu'il ne s'appaiſe point quand les autres s'ap-
» paiſent ; car le Saint-Eſprit eſt dans le cas du
» Fils, ou de ne s'être point offenſé, ou de s'être
» appaiſé de lui-même, puiſque ce n'eſt point
» à lui que le Fils a ſatisfait ».

L'Auteur auroit bientôt vu évanouir ſa prétendue Difficulté, qu'il ſe plaît à enviſager
comme ſi effroyable, s'il eût bien voulu diſtinguer le coupable d'avec le crime, & en-
ſuite faire attention que ſuivant la Doctrine
des Chrétiens, le Pere, le Fils & le Saint-Eſprit, n'étant qu'un ſeul Dieu en trois Perſonnes diſtinctes, mais inſéparables, étoient également offenſés par le péché d'Adam : que ces
trois Perſonnes n'ayant qu'une ſeule & même
Miſéricorde, vouloient également ſauver le
coupable ; mais auſſi que n'ayant qu'une ſeule
& même Juſtice, elles demandoient également
une réparation proportionnée à l'énormité de
ce crime. Car c'eſt une Loi de la Juſtice éternelle que la violation de l'Ordre ne demeure

pas impunie : l'idée de la rélation du crime à la peine comme de la vertu à la récompense, est une de ces idées naturelles gravées dans notre ame par le Créateur. Il faut ou que l'Ordre violé soit réparé par le coupable, ou qu'il soit réparé sur lui. Voyons quel étoit le crime d'Adam, & quelle peine il méritoit.

Adam en recevant l'existence des mains de son Créateur, en reçoit la connoissance & l'amour qui font son bonheur, parce qu'il est fait pour Dieu comme pour sa fin, & que Dieu seul peut le rendre heureux. Adam créé libre ne persévére pas dans cet amour ; il cherche son bonheur en d'autres objets : c'est en lui-même & dans les créatures qui l'environnent qu'il veut le trouver. Adam renonce donc à l'amour de son Créateur, & lui préfére d'autres biens. Voilà le crime. Il mérite d'être puni.

Quelle punition lui est-elle dûe ? En envisageant moins ce crime du côté de l'offensé qu'en lui-même, on conçoit que la plus simple punition qui lui soit due, est la privation éternelle de cet amour auquel il a renoncé, & tout-à-la-fois de ces objets qu'il a préférés au Créateur. Quelque simple que paroisse cette peine, elle est infinie dans sa durée, & elle emporte avec soi un malheur effroyable. Car quel malheur que de se voir privé pour toujours, d'un côté d'un bien pour lequel on sent qu'on étoit fait, de l'autre des objets pour lesquels on sent qu'on conserve de l'attachement !

Si le crime d'Adam mérite une telle privation, il eſt clair qu'il ne peut être réparé par une réparation proportionnée à la peine qui lui eſt due, c'eſt-à-dire, à cette privation infinie dans ſa durée, réparation dont il eſt encore clair qu'Adam eſt incapable.

Où trouver un Réparateur qui a la place d'Adam puiſſe offrir à la Juſtice divine une ſatisfaction proportionnée à cette peine due à ſon crime? Il n'y a qu'une Perſonne divine qui le puiſſe. Elle ne peut ſouffrir que dans une nature étrangere qu'elle s'uniſſe de telle maniere, qu'elle ſe la rende propre pour donner à ſes ſouffrances un prix infini, pour mériter au coupable l'abolition de ſon crime, & ſon rétabliſſement dans l'amour du bien ſouverain auquel il avoit renoncé; ce n'eſt que dans une telle ſuppoſition que la Miſéricorde du Pere, du Fils & du Saint-Eſprit à l'égard du coupable, de même que leur Juſtice inflexible à l'égard du crime, peuvent ſe manifeſter.

Mais quelle ſera la Perſonne divine qui ſe chargera de cette réparation? Ne pourroit-on pas dire que le Fils y eſt, en quelque ſorte, intéreſſé. Adam formé à l'image de Dieu eſt d'une maniere particuliere l'ouvrage du Fils, cette image vivante & ſubſiſtante du Pere. Le Fils de Dieu, en le créant dans l'innocence, c'étoit un Fils qu'il avoit donné à ſon Pere, un frere qu'il s'étoit donné à lui-même, un Temple qu'il avoit donné au Saint-Eſprit.

Immoler cette nature dont il s'eſt revêtu, comme une victime de propitiation pour le péché à la Justice de son Pere, source & fin derniere de toutes choses, c'est l'immoler à sa propre Justice & à celle du Saint-Esprit, Justice qui est une dans les trois Personnes divines; c'est l'immoler tout-à-la-fois à leur Charité comme une victime d'action de graces: le Pere la fournit & l'ordonne; le Fils l'accepte & la sacrifie; le Saint-Esprit la prépare, l'oint, la sanctifie pour le salut du monde.

C'est ainsi que par un art admirable de la Sagesse infinie, le Pere, le Fils & le Saint-Esprit également offensés par le péché d'Adam, ont trouvé le moyen de concilier leur Miséricorde & leur Charité pour le coupable, avec leur Justice qui n'a rien perdu de ses droits. Le péché est réparé d'une maniere proportionnée à son énormité. Chaque personne opére chacune en sa maniere cette réparation: & la Justice divine étant pleinement satisfaite, le Pere, le Fils & le Saint-Esprit étendent sur qui il leur plaît les effets de leur miséricorde.

RÉPONSES

AUX

DIFFICULTÉS

ENVOYÉES DE T***

à M. l'Abbé FRANÇOIS.

AVANT-PROPOS.

Voici des Objections d'un autre genre. Une Personne de mérite les a remifes à un Curé refpectable, en le priant de m'engager à y répondre. Elles lui viennent d'un Ami de Province, dont elle eftime beaucoup les talents ; mais dont la Religion lui étoit fort fufpecte. Elle lui avoit envoyé l'*Examen des faits qui fervent de fondement à la Religion Chrétienne*, & lui avoit demandé en grace de lui faire part de fes réflexions fur cet Écrit. Enfin fon Ami s'eft prêté à fes defirs. Il n'attaque pas la Religion : mais il exhale fa mauvaife humeur contre les Théologiens qui prétendent en pouvoir démontrer la vérité par la raifon. Son principe paroît être le même que celui de M. *Marmontel* dans fon *Bélifaire*, pour rendre tolérants les Souverains. « *La Foi*, dit *Bélifaire* à l'Empereur

„ Juſtinien, *eſt un don de la grace. Il*
„ *faut la laiſſer deſcendre du Ciel: elle*
„ *ſaura bien ſe ſoumettre les eſprits* „.
Notre Provincial tient le même langage
contre la Raiſon employée pour confondre les incrédules de notre temps.
Eſt - ce par zele pour la néceſſité &
l'efficacité de la grace de la Foi, que
ces MM. ſe déclarent ainſi contre l'autorité des Souverains & de la Raiſon?
Leur deſſein pourroit bien être le même que celui des principaux Écrivains
de la Secte nouvelle, leſquels embar-
raſſés de cette multitude de caracteres divins dont le Chriſtianiſme eſt revêtu dans ſon origine, ont recours à
l'Enthouſiaſme de ſes premiers Héros,
comme nous l'avons fait voir dans
nos *Obſervations* ſur le *Dictionnaire Philoſophique*, au mot *Religion*. « C'étoit,
„ diſent-ils, des hommes d'une imagina-
„ tion forte & ardente : ils ſe crurent
„ inſpirés ; ils trouverent dans leur ſie-

» cle des imaginations de la même trem-
» pe ; ils leur communiquerent leur En-
» thoufiafme ; ainfi s'eft perpétué d'âge
» en âge la même folie. »

Nous ignorons fi l'Auteur de ces Objections donnoit dans ce beau fyf-tême. Mais nous avons la confolation de voir par la Lettre qu'il a écrite à la Perfonne qui lui a fait paffer nos *Réponfes*, qu'elles ont fait fur fon efprit la plus vive impreffion. Il y fait l'humble aveu de fes préventions, & nous témoigne la plus fincere re-connoiffance. Cette Lettre eft fi belle & fi édifiante, que nous avons cru que ce feroit faire tort au Public, que de ne la lui pas communiquer. C'eft pourquoi nous la tranfcrirons toute entiere à la fin de ce petit Écrit. Plaife au Seigneur qu'un fi bel exemple faffe une pareille impreffion fur l'efprit, au moins de ceux qui effrayés de la fu-blimité de nos Myfteres, & n'écoutant que leur foible raiſon, ont eu le malheur de ſe laiſſer éblouir par le ſpécieux des ſophiſmes de la nouvelle Philoſophie.

RÉPONSES

RÉPONSES

AUX

DIFFICULTÉS

ENVOYÉES DE T***

à M. l'Abbé FRANÇOIS.

OBSERVATIONS PRÉLIMINAIRES.

I. J'ENTENDS par la Raison cette faculté que chacun éprouve en soi de procéder de principes en conséquences, & de conséquences en conséquences.

II. J'entends par les principes d'où peut partir la Raison, les vérités qui peuvent lui venir ou du sens intime, ou des idées intellectuelles, ou du rapport des sens au sujet des faits présents, ou du témoignage des hommes à l'égard des faits éloignés ou anciens.

III. Il y a deux méthodes que l'on peut suivre au sujet de la Religion ; la premiere

II. Partie.   Q

est celle d'un homme qui veut en découvrir la vérité : la seconde est celle d'un homme qui persuadé de sa vérité, la défend contre ses adversaires. Selon la premiere méthode, on cherche d'abord s'il y a un Dieu ; ensuite, s'il y a une Doctrine dont Dieu soit lui-même l'Auteur ; enfin quelles sont les preuves par lesquelles il est possible de s'assurer que Dieu est l'Auteur de telle ou telle Doctrine.

IV. Est-on parvenu, en suivant cette méthode, à se convaincre de l'existence de Dieu, & de la réalité de certains faits, qui ne permettent plus de douter, que telle ou telle Doctrine ne vienne de lui ? Cette Certitude ainsi acquise par la Raison, je l'appelle une Certitude ou Science humaine, & non une Foi humaine, le terme de *Foi* dans son sens propre ne signifiant que la croyance de choses qui ne sont pas apperçues par l'esprit humain. Or les preuves soit de l'existence de Dieu, soit des faits qui constatent la Révélation qu'il a faite de telle ou telle Doctrine, sont des choses sensibles que l'esprit humain peut appercevoir, & par conséquent ce sont des objets de la Certitude ou Science humaine & non de la Foi seule.

V. Nul fondement dans la distinction que l'Auteur des *Objections*, auxquelles on va répondre, met entre la Foi divine & la Foi humaine. Il n'y a proprement qu'une Foi qui est la divine, savoir la croyance ferme & inébranlable des vérités que Dieu nous a révélées, quoique nous ne les comprenions pas ;

croyance fondée fur la parole de Dieu même qui ne peut fe tromper, ni nous tromper. Si l'on pouvoit admettre une Foi humaine, (en prenant le mot de *Foi* dans le fens expliqué ci-deffus), ce ne feroit qu'une croyance téméraire de chofes incompréhenfibles, qui ne feroit fondée que fur la parole incertaine de quelques hommes dénués de toutes preuves: ce ne feroit tout au plus qu'une Foi d'enfants, qui croyent fans examen ni réflexion tout ce qu'on leur dit.

VI. Plufieurs faits qui conftatent l'exiftence de Dieu & la Révélation qu'il a faite, ont deux faces, l'une fenfible qui fe peut appercevoir par l'efprit humain, & une autre qui eft infenfible, & qu'il ne connoît que par la Révélation même : ces faits felon ces différentes faces font, & les objets de la Science humaine & les objets de la Foi divine.

VII. Ce feroit fe faire illufion que de penfer que, parce que la Foi eft un don de Dieu & une lumiere furnaturelle, qui nous fait croire, & qu'il y a un Dieu, & que tout ce que Dieu nous a révélé eft la vérité même, quoique nous ne le comprenions pas, de penfer, dis-je, que cette Foi ne feroit qu'une impreffion, un fentiment invincible, qui ne feroit appuyé fur aucunes des preuves ou motifs de crédibilité qui font les objets de la Science humaine.

Dieu auroit-il pu réduire la Foi à une telle impreffion, à un tel fentiment invincible? Queftion inutile. Il ne s'agit point ici de ce que Dieu auroit pu faire: il s'agit de ce que Dieu a fait. Or, il est évident que Dieu a voulu conduire les hommes au don & à la grace de la Foi par la Raison, en fournissant aux Simples aussi bien qu'aux Sçavants des preuves certaines, & de son existence, & de la Révélation qu'il a faite, & que par conséquent il a voulu que notre Raison faisant usage de ces preuves, nous préparât & nous disposât à recevoir le don & la grace de la Foi, qu'il donne à qui il lui plaît. Ce bon usage que Dieu fait faire à notre Raison des preuves ou motifs de crédibilité, est comme un gage & un avant-coureur de ce grand don de la Foi qu'il veut nous faire. D'où il suit clairement, que, quiconque ne veut pas faire attention aux motifs de crédibilité exposés aux yeux mêmes des plus simples, ou qui les voyant ne veut pas croire les vérités de la Foi, est coupable & se rend de plus en plus indigne du grand don de la Foi. Au reste cette lumiere surnaturelle, par laquelle Dieu nous fait connoître & croire les sublimes vérités de notre Religion, ne nous ôte ni le malheureux pouvoir de résister à la grace de la Foi, ni même celui de l'anéantir.

VIII. Les motifs de crédibilité que Dieu a fourni aux Sçavants & à ceux qui sont capables de raisonnement, sont les faits par lesquels il a appuyé sa parole. Ceux qu'il fournit aux Simples, & qui servent aussi aux Sçavants, sont l'autorité visible de l'Eglise, dont l'origine remonte sans interruption jusqu'au premier homme, à qui Dieu fit entendre sa parole, pour lui apprendre la maniere dont il vouloit qu'on l'honorât pour lui plaire ; parole tranſmiſe d'âge en âge dans la famille de Seth juſqu'à Noé ; de Noé dans la famille d'Abraham juſqu'à Moïſe ; de Moïſe dans le Peuple Juif juſqu'à Jéſus-Chriſt, le vrai Libérateur du monde, & le formateur des Adorateurs en eſprit & en vérité de la Majeſté ſuprême.

IX. La poſition d'un homme qui ſuit la premiere méthode, n'eſt pas la même que celle d'un homme qui ſuit la ſeconde. Le premier cherche la Religion ; le dernier l'a trouvée : celui-ci ne peut donc que plaindre ceux qui ſont privés de ſon bonheur. Mais ſi ces infortunés, au lieu de travailler à s'inſtruire, ne ſont appliqués qu'à attaquer de vive voix & par écrit cette Religion, peut-il ſans indignation être témoin de leurs attaques propres, à ſéduire ſes freres ? Eſt-il maître même de ne pas faire éclater ſon indignation, s'il apperçoit dans les Aggreſſeurs la plus inſigne mauvaiſe foi ? Peut-il, ſans ſe fermer les yeux, n'y pas voir de la mauvaiſe foi, s'il les voit acharnés à répéter en cent façons différentes les mêmes chicanes, ſans jamais faire aucune mention des réponſes les plus lumineuſes qu'y ont faites les Défenſeurs de la Religion ?

Venons préſentement aux *Objections* : il ſemble que pour les diſſiper, il ne faut qu'y appliquer nos courtes *Observations*.

❋·❋

OBJECTIONS ET RÉPONSES.

I. « Je ne comprends pas, dit l'Auteur de
» ces *Objections*, quelle est l'idée, ni même
» quelle est l'espece de croyance des Théo-
» logiens & des Apologistes du Christianisme,
» lorsqu'ils exigent de nous que nous croyions,
» & que nous soumettions notre Raison à la Foi. »

Il est étonnant qu'un si bon Esprit ne com-
prenne pas une chose si simple. Les Théologiens veulent que la Raison, après nous avoir
éclairés en nous découvrant les Faits qui démontrent la Révélation, se condamne au silence, sans oser faire valoir la hauteur & la sainteté
de la Doctrine révélée, pour nous détourner
de la soumission due à la parole du Révélateur.

II. « Ces MM. continue-t-il, s'emportent
» avec amertume contre les Incrédules, em-
» ployent toute la force & toutes les res-
» sources du raisonnement humain, & pré-
» tendent pouvoir démontrer l'existence d'un
» Dieu, & prouver à la Raison la vérité des
» Dogmes de la Religion ».

Ont-ils tort ces Théologiens de prétendre
démontrer l'existence de Dieu ? Ont-ils tort,
je dis pas de vouloir faire comprendre les
Dogmes de la Religion, (ils savent bien que
ces Dogmes sont au-dessus de notre foible
Raison) ; mais de vouloir démontrer la Révélation que Dieu a faite de ces Dogmes,
& par conséquent leur vérité ? Ont-ils tort

enfin étant bien assurés que ces Dogmes sont la vérité, dès qu'ils sont révélés par Dieu même, de travailler à les venger des chicanes des Incrédules? Peuvent-ils faire un meilleur usage de la Raison, qu'à prouver le fait de la Révélation, fait si intéressant à l'homme? Seroit-ce en faire un meilleur usage, que de livrer ce fait en proye aux chicanes insultantes, auxquelles il a été exposé dans tous les temps de la part des Incrédules? Seroit-il plus sage de se joindre à eux, pour donner lieu à la grace de triompher des esprits & des cœurs abymés dans les ténébres de l'incrédulité? C'est comme si l'on disoit, qu'il faut laisser les hommes s'abandonner aux crimes, pour donner lieu à la grace de briller plus vivement dans leur conversion.

III. Il poursuit ainsi. « D'un autre côté
» l'Eglise qui ne reconnoît pour vraiment utile
» à l'homme, que ce qui est dans l'ordre du
» salut, n'admet point cette Foi purement
» humaine. Elle nous enseigne dans nos Ca-
» téchismes, que personne ne peut avoir la
» Foi de soi-même, mais qu'il faut que Dieu
» la donne. Elle nous dit, que cette Foi est
» une lumiere surnaturelle qui nous fait croire
» en Dieu & nous assure de son existence,
» qui nous persuade qu'il a parlé, & que tout
» ce qu'il a révélé, est la vérité même, soit
» que nous le comprenions, soit que nous ne
» le comprenions pas. Ce n'est donc pas là
» l'espece de Foi que ces Écrivains exigent de
» nous; puisque nous ne pouvons pas nous la

» donner. Celle qu'ils demandent à la Raison, est
» donc inutile au salut, puisqu'elle ne seroit
Rom. IX. 18. » pas donnée par Dieu, qui *fait miséricorde*
» *à qui il veut*, & quand il veut, en l'accor-
» dant. C'est donc une Foi que l'Eglise n'a-
» voue point, & que Dieu ne récompense
» point, puisqu'il ne récompense que ses dons».

C'est ici confondre deux idées très-différen-
tes, & qui sont très-séparables l'une de l'autre. Les objets, non de la Foi humaine, mais
de la Certitude humaine, selon que les Théologiens les envisagent ici, sont les faits qui
prouvent que la Doctrine Chrétienne est révélée, & non cette même Doctrine qui est
l'objet de sa Foi divine. Or, on peut être persuadé de la vérité des faits, sans l'être de la
vérité de la Doctrine. Les Juifs, par exemple, ne pouvoient douter des Miracles opérés par Jésus-Christ. On en peut dire autant
des Payens témoins des merveilles des Apôtres. Combien néanmoins de milliers de Juifs
& de Payens ne réjetterent-ils pas la Doctrine
annoncée par Jésus-Christ & par les Apôtres?
Dans tous les siecles de l'Eglise ont paru des
hommes convaincus de la réalité de ces Miracles, & toutefois ennemis de cette Doctrine en tout ou en partie. La croyance de la
Doctrine Chrétienne est donc un don spécial
de la grace que Dieu accorde à qui il lui plaît.
La Raison peut bien montrer que cette Doctrine est croyable, mais non la faire croire.
Tout en notre ame s'oppose à la croyance de
cette Doctrine sublime, qui roule sur des vé-

rités incompréhensibles, invisibles, spirituelles & rédoutables pour les passions. La Raison veut être la mesure de ce qu'on lui propose: les sens veulent voir & toucher les objets dont on leur parle: l'imagination veut au moins s'en former une image: le cœur ne veut être gêné ni contraint dans ses inclinations. C'est donc sans fondement qu'on allégue ici la Doctrine de l'Eglise sur la nécessité de la grace, pour croire en Dieu, & tout ce qu'il lui a révélé.

Certes l'Eglise ne condamne pas le travail des Théologiens pour établir les faits qui conduisent à la Révélation. Elle regarde la conviction de ces faits comme un préalable très-utile, pour écarter les obstacles à la Foi fondée sur la parole d'un Dieu souverainement vrai; soit qu'il l'ait fait entendre par lui-même, ainsi qu'il le fit à nos premiers Peres, & dans la suite à plusieurs Patriarches; soit qu'il l'ait fait entendre par des hommes, dont il attestoit manifestement la mission pour la publier. Ce n'est donc que sur une confusion d'idées que porte cette conséquence de l'Auteur. « C'est donc une Foi que l'Eglise n'avoue » point, & que Dieu ne récompense point; » puisqu'il ne récompense que ses dons ». Ce qui suit porte encore sur la même confusion d'idées.

IV. « Aux efforts que font les Défenseurs » de la Religion, pour établir par leurs ar- » guments une Foi humaine, ne sembleroit- » il pas qu'ils croyent peu à la grace de la » Foi, & qu'ils veulent attribuer tout l'hon- » neur à la Raison qu'ils sollicitent si vivement

I. Cor. II.

» à croire ? Cependant, saint Paul dit, *qu'il n'a*
» *point employé les discours persuasifs de la sagesse*
» *humaine, afin que la Foi ne soit pas établie sur la*
» *sagesse des hommes, mais sur la Puissance de*
» *Dieu..... L'homme animal n'est point capable des*
» *choses qui sont de l'Esprit de Dieu : elles lui pa-*
» *roissent une folie, & il ne les peut comprendre; par-*
» *ce que c'est par une lumiere spirituelle qu'on en doit*

Ibid. XII. 13.

» *juger.* Il dit encore, *Je vous déclare donc, que nul*
» *homme parlant par l'Esprit de Dieu, ne dit*
» *Anathême à Jésus, & que nul ne peut confesser*
» *que Jésus est le Seigneur, sinon par le Saint-*
» *Esprit* ».

Les Défenseurs de la Religion la connoissent trop bien pour s'en croire les Inspira-
teurs. Leurs efforts ne tendent qu'à conserver
& à eux-mêmes & à leurs freres ce grand don
qu'ils ont reçu de l'infinie miséricorde, & dont
on voudroit les dépouiller. La citation de saint
Paul, bien loin d'infirmer ce qu'ils disent de la
distinction de la Certitude humaine d'avec la
Foi divine & de la différence de leurs objets,
en est une preuve manifeste. Saint Paul en
réjettant une vaine éloquence, étoit bien éloi-
gné de réjetter les vrais motifs de crédibilité
au sujet de la Foi qu'il exigeoit à la parole
qu'il prêchoit. Il appuye sa prédication sur
les dons du Saint-Esprit & sur la vertu des
Miracles. Jésus-Christ lui-même rappelloit sans
cesse les Juifs aux œuvres que son Pere lui
avoit donné de faire, pour leur persuader que la
Doctrine qu'il leur annonçoit étoit la Doctrine
même de son Pere. Il déclare même qu'ils seroient

excufables de ne pas croire en lui, s'il n'avoit fait
ces œuvres parmi eux. C'eſt donc de la Doctrine
prêchée par Saint Paul, que doit être entendu
l'endroit cité de cet Apôtre, & non des preuves de la Divinité de cette Doctrine.

V. Mais, dit notre Critique, « *ſi l'homme* I.Cor.II.14.
» *animal*, c'eſt-à-dire, la Raiſon non éclairée
» par la grace, *n'eſt point capable des choſes*
» *qui ſont de l'Eſprit de Dieu; ſi elles lui*
» *paroiſſent une folie; s'il ne peut les com-*
» *prendre;* & ſi l'intelligence des Écritures ne
» s'acquiert que par un don de Dieu, pour-
» quoi en appelle-t-on à ſon Jugement ? La
» Raiſon a ſes Loix & ſes Regles de critique;
» elle a ſa Sageſſe particuliere, & elle ne peut
» s'en écarter ſans abuſer de ſes facultés na-
» turelles, & ſans s'expoſer à l'erreur. Si l'on
» ne s'addreſſe qu'à cette Raiſon, il faut donc
» conſentir qu'elle agiſſe à l'égard des Écritu-
» res avec la même circonſpection, qu'elle en
» uſeroit à l'égard des Hiſtoires d'Herodote,
» de Tite-Live, &c.: qu'elle ſuſpende ſon juge-
» ment, lorſque les preuves ne lui paroîtront
» pas aſſez claires; qu'elle doute, lorſqu'elle
» croit avoir lieu de douter; qu'elle réjette
» tout merveilleux comme ſuſpect; & qu'elle
» ſoit dans une perpétuelle défiance contre la
» bonne foi des Écrivains. Or, je ne penſe
» pas que nos Théologiens s'accommodaſſent
» d'un ſemblable procédé. Tels ſont cependant
» les droits de la Raiſon; telle eſt la Sageſſe,
» dont ſaint Paul dit, Iᵗᵉ Ep. Cor. ch. I. v. 19,
» *C'eſt pourquoi, il eſt écrit : je détruirai la Sa-*

» geſſe des Sages & *je rejetterai la Science des*
» *Sçavants. Et* v. 20. *Dieu n'a-t-il pas con-*
» *vaincu de folie la Sageſſe de ce monde ?* Mais
» comment cela ſe peut-il faire; ſinon par une
» lumiere ſurnaturelle qui éclaire nos ames,
» & leur communique l'Eſprit de Dieu, ſa
» Science & ſa Sageſſe ? Eſt-il raiſonnable d'invo-
» quer la Sageſſe humaine, qui n'eſt qu'une
» folie devant Dieu ? Eſt-il raiſonnable d'en
» appeller à la Sageſſe humaine, qui ne voit
» que folie dans ce qui eſt de l'Eſprit de Dieu »?

J'accorde bien volontiers que la Raiſon por-
teroit en vain ſes regards curieux ſur les choſes
qui ſont de l'Eſprit de Dieu, c'eſt-à-dire, ſur
le fond des ces vérités révélées : ces choſes
ſont trop au-deſſus d'elle, pour qu'elle oſe chercher à les ſonder & à les comprendre. Il n'en
eſt pas de même des faits, qui prouvent que
ce ſont des choſes de l'Eſprit de Dieu, ils ſont
à ſa portée, & comme faits pour elle. Et s'il
eſt une preuve ſenſible, que notre Religion
n'a rien de commun avec toutes les autres
Religions de la terre, mais qu'elle eſt l'effet
de la Raiſon ſouveraine ; c'eſt cette attention,
ſi l'on peut s'exprimer ainſi, que la Raiſon ſouveraine a eue en parlant à l'homme, de ne
pas vouloir en être crue préciſement ſur ſa
parole ; mais de lui adminiſtrer les preuves
qu'il pouvoit déſirer raiſonnablement, que
c'étoit elle-même qui lui parloit. Au reſte, ce
feroit étrangement ſe tromper que de penſer
que l'homme fit ſans grace un bon uſage de
ſa Raiſon, quand il l'exerce ſur les faits qui

conduifent à la connoiffance des chofes qui font de l'Efprit de Dieu. *Si*, felon faint Paul, *Rom. 1. 19.* *les Philofophes du Paganifme qui ont connu ce qui fe peut découvrir de Dieu* par le Spectacle de la nature, ne l'ont pas fait fans Dieu, *Dieu le leur ayant fait connoître*; comment fans Dieu la Raifon parviendroit-elle aux preuves de la Révélation ?

La Raifon a, fans doute, fes Loix & fes Regles. Qu'elle les fuive ici par le feul amour de la vérité en écartant tout autre intérêt ; il n'eft pas poffible qu'elle n'arrive à la plus entiere certitude de la vérité des faits qui fervent de preuves à la vérité de la Révélation. L'authenticité de nos Écritures ; la réalité des faits qui y font confignés, par exemple, la nature, le nombre, les effets des Miracles de Jéfus-Chrift & des Apótres ; la promeffe de l'établiffement de l'Eglife, dont nous connoiffons d'ailleurs les commencements & les progrès ; la promeffe de fa permanence que nous voyons de nos yeux ; la prédiction de la ruine du Temple & de la Ville de Jérufalem arrivée conformément à la prédiction ; la prédiction de la difperfion du Peuple Juif parmi les nations & de fa confervation dans fon état humiliant depuis tant de fiecles, dont nous voyons l'accompliffement ; tant d'autres faits de l'ancien & du nouveau Teftament ; fur-tout ce rapport intime, cette liaifon admirable des faits de l'Ancien, ou comme promeffe, ou comme figure, ou comme annonce des faits du Nouveau, qui en font l'exécution, & la vérité ; les caracteres de ſincérité ſi manifeſtes dans les Auteurs de ces Livres ; l'impoſſibilité qu'ils ayent pu ou être trompés ou tromper ; l'intégrité de leurs ouvrages, &c. : Tout cela devient comme viſible à une Raiſon qui cherche ſincérement la vérité, & ne ſauroit demeurer cachée qu'à des hommes ſemblables à ces faux Sages & au monde entier dont parle l'Apôtre, leſquels, avec leur ſageſſe, n'avoient point connu Dieu dans les ouvrages de ſa Sageſſe divine. C'eſt cette Sageſſe même qui éclaire les Théologiens dans leur maniere de procéder au ſujet de la Révélation des vérités de la Foi. Leur poſition eſt bien différente de celle où étoit le monde avant l'Évangile. Quelle abondance de lumieres ſur Dieu & ſur ſes ouvrages, ſur l'homme & ſur ſes devoirs, n'offre pas l'Evangile ! La Raiſon délivrée d'une foule de préjugés puériles, & d'erreurs inſenſées, en tire ſa plus grande force. De quoi en effet pouvoit-elle être capable en matiere de Religion avec les idées groſſieres du Paganiſme ſur la Divinité, ſur l'Ame, ſur la Magie, ſur les Oracles ?

V I. « Je ne vois pas même, ajoute en-
» fin le Critique des Théologiens, ce qu'il y
» auroit à gagner ſi notre Raiſon ſi exaltée,
» & en même temps ſi décriée par nos Do-
» cteurs, pouvoit par elle-même ſe porter à
» croire, puiſque ſes œuvres ne ſont d'aucun
» mérite pour le ſalut, ſi elles ne viennent de
» la grace de Dieu par Jéſus-Chriſt. Or la Foi
» ſurnaturelle eſt la premiere grace ; c'eſt par

» elle que nous sommes Chrétiens ; nous ne
» pouvons l'être par aucun effort de la Raison
» naturelle. Cette Raison deviendroit orgueil-
» leuse, si elle nous donnoit la Foi, que la
» grace peut seule nous donner. Quelle utilité
» peut-on attribuer à la Foi humaine, si elle
» ne peut mériter de tenir lieu de la Foi ins-
» pirée par Dieu ? Elle ne peut mériter d'ob-
» tenir une lumiere surnaturelle qui la confirme ;
» car la grace ne se mérite point ; autrement
» ce seroit une dette que la Justice divine ne
» pourroit se dispenser d'acquitter. Dispo-
» se - t - elle notre esprit à la réception de
» cette grace ? Mais à quel titre, si elle ne
» mérite rien ? D'ailleurs ne seroit-ce pas ex-
» ténuer le pouvoir de la grace, que de dire
» qu'elle a besoin que l'homme la prévienne ;
» & qu'il prépare son ame par la croyance
» même qu'il est de son Essence de donner
» gratuitement ? Ne devroit-elle pas se borner
» à n'admettre avec l'Eglise qu'une seule espece
» de Foi, & se contenter de nous instruire des
» choses que l'Eglise propose à croire, de
» prier pour nous, & de laisser faire la grace,
» qui pour agir sur nos ames, n'employe pas tant
» d'agréments & de raisonnements humains ».

Rendre la Raison juge de la Doctrine révélée, ce seroit trop l'exalter ; ce seroit en méconnoître les bornes. Lui attribuer le pouvoir
de se donner elle-même la Foi de la Doctrine
révélée ; ce seroit encore trop l'exalter, ce seroit en méconnoître la foiblesse. Mais la rendre
Juge des faits sensibles, tels que sont les

motifs de crédibilité, & lui attribuer le pouvoir de repouffer les efforts que font les Incrédules contre la réalité de ces faits, eft-ce trop l'exalter? Peut-on dire de bonne foi, par exemple, qu'elle foit dans l'impuiffance de comparer tant de faits miraculeux rapportés dans nos Livres faints avec les Loix de la nature, & de prononcer que de tels faits ne font pas les fuites de ces Loix? Peut-on dire encore de bonne foi qu'elle foit dans l'impuiffance de voir dans nos Livres faints des prédictions d'événements futurs, de comparer de tels événements avec les prédictions, de s'affurer de l'antériorité de ces prédictions à ces événements, & d'en voir la vérification, &c. La Raifon fuffit feule pour convaincre tout homme qui la confulte, que la Foi eft un grand don de la grace, qu'il ne peut ni fe la donner lui-même, ni la mériter.

Mais pourquoi lui feroit-elle défefpérer que Dieu, felon fa conduite ordinaire, couvrant comme d'un voile les opérations fecrettes de la grace fur les cœurs des juftes fous leur application à remplir leurs devoirs extérieurs, de même qu'il couvre fon action dans la nature fous le voile du travail & de l'induftrie des hommes; pourquoi, dis-je, lui feroit-elle défefpérer qu'il ne fe conduifit ainfi à fon égard, en couvrant le grand don de la Foi fous fon application à la recherche de la vérité? Pourquoi même lui faifant regarder avec confiance comme une grace de fa part, cet amour fincere de la vérité qui lui fait chercher la vérité de la Religion comme fon

plus

plus grand bien, ne l'engageroit-elle pas à espérer qu'il la lui fera découvrir ? Elle lui apprend qu'il peut y avoir un ordre secret entre
ses graces; & que cette premiere, qui est cet
amour de la vérité, peut être suivie de celle
de la Foi, qui est la premiere dans l'ordre de
la Justification : puisqu'étant, selon saint Paul,
l'existence ou le fondement des choses qu'on
doit espérer, & la conviction de ce que l'on ne
voit pas, l'Espérance & la Charité la sup-
posent. L'Eglise ne désapprouve sûrement
pas ses enfants qui font un tel usage de la Raison. C'est elle-même qui leur fournit les armes
qu'ils employent pour mettre en fuite les ennemis de la Foi. C'est de sa main qu'ils tiennent
tout ce qu'ils ont; comme elle tient elle-même des Apôtres les biens qu'elle possede, avec
les titres qui en assurent la possession.

    Les deux raisonnements qui restent sont plus
subtils que solides; il suffira pour les éclaircir
de les ramener à des notions claires & pré-
cises.

    VII. « La soumission que l'on demande de
» notre Raison à la Foi, me paroît encore une
» chose tout-à-fait inintelligible. Car si c'est de
» la Foi humaine, qu'il est question; cela ne
» veut rien dire. C'est un acquiescement de
» la Raison à la vérité, ou aux apparences de
» la vérité : cette Foi n'est qu'un Jugement de
» la Raison; c'est la Raison même, en tant qu'elle
» croit devoir consentir. Or, ne seroit-il pas
» absurde d'exiger que la Raison se soumette
» à la Raison, lorsqu'elle ne peut faire autre-

II. Partie.   P

Heb. XI. 1.

» ment ? Si une telle Foi n'étoit pas soumise aux
» lumieres de la Raison , on ne croiroit jamais.

» Si on l'entend de la Foi surnaturelle ,
» ce n'est pas non plus à la Raison qu'il ap-
» partient de s'y soumettre , & c'est encore
» la Foi qui est soumise à la Raison , non à
» une Raison incapable des choses qui sont de
» l'Esprit de Dieu , & qu'elle regarde comme
» une folie , selon saint Paul , mais à une
» Raison conduite par l'Esprit & la vertu de
» Dieu , qui font que nous croyons ferme-
» ment, c'est-à-dire, sans aucun doute , avec une
» entiere assurance , & une pleine persuasion ,
» toutes les vérités que l'Eglise nous propose.
» Ce n'est donc point la Foi , mais c'est l'Es-
» prit de Dieu qui soumet notre Raison , qui
» s'en empare , l'éclaire , & lui fournit ses mo-
» tifs de crédibilité. Il n'y a pas lieu dans cet
» état lumineux de la Raison d'exiger d'elle ,
» qu'elle se soumette à cette Foi , comme si
» elle étoit encore dans son incapacité natu-
» relle , & comme si cette Foi lui étoit tout-à-
» fait étrangere , & ne lui appartenoit pas par
» l'effet de la grace. Cette soumission de la
» Raison à la Foi ne me paroît pas donc
» exigible en aucun cas. Ce qui , selon moi ,
» peut avoir induit en erreur , c'est l'abus que
» l'on fait des termes. On nous parle sans cesse
» des lumieres de la Foi , comme si elle étoit
» lumineuse par elle-même , au lieu que toute
» croyance , quelle qu'elle soit , n'est que le
» produit des lumieres actuelles qui sont dans
» l'esprit , soit naturelles , soit surnaturelles. »

La certitude que l'on peut acquérir par la Raison des motifs de crédibilité au sujet de la Révélation, n'est point un acte de la Raison, c'est plutôt un acquiescement, une adhésion de la volonté à ces motifs montrés par la Raison. La Foi divine n'est point non plus un acte de la Raison : c'est un acquiescement, une adhésion de la volonté aux vérités montrées par la Révélation. Ainsi, dans cette expression assez familiere, la Raison doit se soumettre à la Foi, il ne s'agit ni de la soumission de la Raison à la Certitude humaine, ni de la soumission de la Raison à la Foi divine. Elle doit s'entendre dans le même sens qu'on l'emploie en parlant des sens, de l'imagination & du cœur. La Raison, après avoir rempli son devoir à l'égard des motifs de crédibilité, doit se soumettre, c'est-à-dire, doit se taire en présence de la vérité & de l'autorité du Révélateur, quelqu'incompréhensibles & impénétrables que puissent lui paroître les vérités révélées : comme l'on dit, que les sens doivent être assujettis à ces vérités, quelqu'invisibles & impalpables qu'elles soient pour eux; que l'imagination doit y être soumise, quelque spirituelles & inaccessibles qu'elles soient pour elle; que le cœur doit s'y soumettre, quelque contraires qu'elles soient à ses penchants. Car, c'est par rapport à ces difficultés qui s'opposent en nous à la Foi, que se fait sentir la nécessité de l'opération de Dieu sur notre ame pour la soumettre aux vérités révélées. La Raison veut comprendre, les sens veulent voir, l'imagination veut se figurer, le cœur veut sentir, & les biens présents font sur lui une impression bien plus vive que les biens offerts par la Révélation. Passons à l'autre raisonnement.

VIII. « Une autre difficulté se présente au
» sujet de la Foi. L'Eglise nous enseigne dans
» nos Catéchismes, qu'il n'y a point de graces
» qu'on ne puisse réjetter, ou auxquelles on ne
» puisse résister. Cependant pour peu que l'on
» examine attentivement la nature de la grace
» de la Foi, on trouvera que cette réjection
» ou cette résistence font d'une impossibilité
» absolue, rélativement à elle, & qu'elle ne
» consiste que dans un effet qui exclut né-
» cessairement l'une & l'autre. Il suffira d'ex-
» poser la définition qu'on nous donne de cette
» grace, & d'en tirer les conséquences inévi-
» tables.

» *La Foi est*, dit le Catéchisme de Mont-
» pellier, Part. II. Sect. II. Ch. II. §. I, *une*
» *lumiere surnaturelle qui éclaire notre esprit*
» *pour lui faire connoître les vérités que Dieu*
» *a révélées. Cette lumiere nous fait croire fer-*
» *mement, sans aucun doute, avec une entie-*
» *re assurance, une pleine persuasion . . . . . .*
» *Elle fait que nous sommes assurés qu'il y a*
» *un Dieu, & que nous mettons en lui toute no-*
» *tre confiance; elle fait que nous croyons toutes*
» *les vérités révélées, soit que nous les compre-*
» *nions, soit que nous ne les comprenions*
» *pas* ».

» Si telle est l'essence de la Foi, qu'elle

» ouvre les yeux de l'efprit, qu'elle fléchiffe la
» Raifon, & lui imprime une Foi ferme, une
» entiere affurance & une pleine perfuafion,
» fans aucun motif de doute ; n'y auroit-il
» pas une contradiction manifefte, fi avec de
» pareilles difpofitions actuelles on pouvoit
» réjetter cette grace, fi on pouvoit croire
» fermement & fans aucun doute, & en mê-
» me temps ne pas croire, ce qui fuppofe-
» roit qu'on pourroit à la fois avoir la grace
» & ne l'avoir pas? Si Dieu m'a donné la Foi,
» il eft certain que je l'ai & que je crois,
» puifque fon Effence confifte dans cet effet
» fur ma Raifon. Si Dieu ne m'a pas retiré
» cette grace, il eft indubitable que je l'ai
» encore, & que je continue de croire, puif-
» que ma Foi eft l'objet de la lumiere furna-
» turelle de l'Efprit de Dieu qui réfide en moi,
» pour diriger ma Raifon, & me donner une
» croyance ferme & une pleine perfuafion.
» Pour réfifter à la grace de la Foi ou la ré-
» jetter, il faudroit être capable de former
» des doutes, & pouvoir fe donner des mo-
» tifs d'incrédulité ; ce qui contredit ouverte-
» ment la définition ci-deffus. Ce feroit faire
» bien peu d'honneur à la grace qui nous fait
» croire, que de ne lui pas accorder au moins
» autant de pouvoir fur notre efprit, qu'en
» a l'évidence ; or, il eft impoffible à la Rai-
» fon de ne pas fe rendre à ce qui lui paroît
» évident, quoiqu'abandonnée à elle-même.
» La grace lui deviendroit donc nuifible, &
» changeroit fa nature, fi elle pouvoit fe re-

» fuſer à une certitude, & à une entiere per-
» ſuaſion fondée ſur une lumiere ſurnaturelle,
» & ſur l'Eſprit même de Dieu qui agit en elle ,
» & lui tient lieu d'évidence, ſi elle ne la
» donne pas. Sitôt que j'ai reçu le don de
» la Foi, elle devient donc néceſſairement une
» grace habituelle, juſqu'à ce que Dieu me
» la retire, qu'il ceſſe de m'éclairer & de me
» faire croire d'une Foi ferme. Si l'on pou-
» voit rejetter la grace de la Foi, & les vérités
» qu'elle nous repréſente comme inébranla-
» bles & hors de tout ſoupçon d'erreur & de
» fauſſeté ; quel cas devrions-nous faire de la
» ſageſſe du Jugement des Théologiens, lorſ-
» qu'ils exigent de nous une Foi toute hu-
» maine ; lorſqu'ils employent toutes les ſub-
» tilités d'une Dialectique profane pour per-
» ſuader notre Raiſon, cette Raiſon ſi chance-
» lante, ſi inquiette, & toujours incertaine
» au milieu de ſes ténébres, cette Raiſon qu'une
» lumiere ſurnaturelle, que l'Eſprit de Dieu,
» & qu'une ferme perſuaſion ne pourroient
» retenir dans ſa Foi malgré l'extrême con-
» fiance que cette grace lui donne en Dieu,
» qui l'illumine en cet inſtant même ? Croient-
» ils donc que leurs raiſonnements obtiendront
» de la Raiſon ce que la grace ne pourroit s'en
» promettre, c'eſt-à-dire, une Foi ſtable, &
» qu'ils l'auront établie ſur des fondements
» plus ſolides & plus durables que ceux que
» la grace auroit poſés ? »

La grace peut être enviſagée, ou dans ſon
principe, ou dans ſon effet. Dans ſon prin-

cipe, c'est Dieu même opérant sur les Intelligences : dans son effet, ce sont les actes mêmes des Intelligences que Dieu y produit avec elles & par elles. Il n'est pas douteux que Dieu ne soit maître d'opérer ainsi sur les Intelligences ; par conséquent qu'il ne puisse y avoir des graces efficaces, soit de Foi, soit d'Espérance, soit de Charité : mais il n'est pas néanmoins douteux que les Intelligences réduites à l'état dans lequel nous sommes sur la terre, où nous ne voyons Dieu, & où nous ne l'aimons qu'imparfaitement, ne puissent toujours résister à la grace. Une connoissance imparfaite de la vérité laisse toujours, pour ainsi dire, une place à l'erreur : un amour imparfait du bien véritable laisse toujours une place à l'amour des biens apparents. Dieu donc, qui est la Vérité, en éclairant notre esprit l'arrache bien à l'erreur, mais ne lui ôte ni le pouvoir de la lui préférer, ni celui d'y rétomber ? De même Dieu, qui est le Bien, en inspirant son amour à notre volonté, l'arrache bien à l'amour des biens apparents, c'est-à-dire, des biens créés & visibles, inférieurs à notre ame, pour lesquels par conséquent elle ne sauroit être faite ; mais il ne lui ôte pas le pouvoir de les lui préférer, ni de se réplonger dans l'amour de ces faux biens. Ce pouvoir n'est pas un pouvoir de résister à Dieu dans ses opérations efficaces sur les Intelligences. Il veut que les ayant formées libres, elles ne lui résistent pas, quoiqu'il leur laisse le pouvoir de résister à l'effet seulement de ses opérations. De

P iv

tels effets n'étant, comme nous venons de l'obferver, que les actes mêmes des Intelligences, ne peuvent s'allier en même temps avec des effets oppofés ; mais ils ne font nullement incompatibles avec le pouvoir du contraire. Voir & ne pas voir un objet font des actes contradictoires ; mais voir un objet & pouvoir ne le pas voir s'allient très-bien enfemble : en voyant un objet, je puis fermer les yeux ou lui tourner le dos. Ces petites remarques fuffifent pour faire tomber l'objection.

L'Ame fous la grace qui l'éclaire par la connoiffance des vérités révélées, & qui les lui fait aimer, eft fansdoute éclairée de ces vérités & les aime. Mais expofée fans ceffe aux follicitations inquiettes d'une Raifon toujours curieufe, d'une imagination vagabonde, d'un cœur frappé fans ceffe des impreffions agréables que font fur lui les biens préfents & fenfibles ; quel danger ne court-elle pas à chaque inftant de détourner les yeux de deffus la lumiere falutaire qui l'éclaire ? Pour peu qu'elle foit diftraite, & que fon amour pour la vérité fe réfroidiffe, ne peut-elle pas mériter que Dieu retire cette lumiere ? Il n'eft point d'évidence que la diftraction n'affoibliffe, & que les difputes ne puiffent couvrir de nuages épais.

Mais la comparaifon entre la lumiere de la Révélation & l'évidence en toute autre matiere, eft-elle ici heureufement placée ? Outre que l'évidence met, pour ainfi dire, fon objet fous les yeux en le montrant à découvert,

& que la lumiere de la Foi laiſſe au contraire la plûpart de ſes objets dans une obſcurité impénétrable, l'évidence flatte l'ame & l'amuſe : au lieu que la lumiere de la Foi l'humilie & la reſſerre par la profondeur de ſes Dogmes qui étonnent la Raiſon, la ſainteté de ſa Morale qui fait frémir ſes paſſions, & peut-être encore plus par l'idée qu'elle lui donne de ſa foibleſſe & de ſa corruption. Tout homme raiſonnable ne ſauroit donc trop travailler à nourrir ſa Foi, à la fortifier contre les ennemis qui l'aſſiégent, à l'entretenir par une application continuelle à l'étude des Écritures qui la renferment, & encore plus par la pratique des bonnes œuvres. Cette lumiere ſalutaire eſt une grace. La conſervation de cette lumiere eſt une autre grace, & ce n'eſt qu'à une vigilance & à une priere continuelle qu'elle eſt promiſe. Quiconque ſent tout le prix de ce grand don, au lieu de reprocher amérement aux Théologiens de lui remettre devant les yeux les preuves de la Foi, devroit les encourager à ſe livrer tout entiers au travail ſur un ſujet ſi beau & ſi intéreſſant, ſur-tout dans un ſiecle auſſi pervers que le nôtre, où l'on fait conſiſter le bel eſprit à ne rien croire.

En deux mots, la grande Maxime qu'on ne doit jamais perdre de vue au ſujet de la Foi, de même qu'au ſujet de toutes les autres vertus, eſt de faire ce que nous pouvons, & de demander ce que nous ne pouvons pas, Dieu pouvant ce que nous ne pouvons pas. Croyons donc autant que nous pouvons croire ; faifons tout le bien que nous pouvons faire ; prions autant que nous pouvons prier ; perfuadés intimément que fi nous croyons comme il faut, que fi nous faifons le bien comme il faut, que fi nous prions comme il faut, c'eft par un effet de la grace. C'eft là à quoi fe reduit notre devoir fur la terre, où nous n'avons pas une pleine affurance du motif de nos actions, ni par conféquent de leur principe. Nous pouvons bien être affurés que nous avons dans l'efprit telle Doctrine, & que nous n'éprouvons aucun doute à fon fujet ; mais y fommes-nous fincerement attachés par l'amour de la vérité fuprême qui nous parle ? Nous pouvons de même être bien affurés que nous faifons tel bien qui nous eft commandé ; mais le pratiquons-nous par l'amour du fouverain Bien comme de notre fin derniere ? C'eft un Myftere pour nous. Dieu feul connoit fes dons parfaits en nous ; c'eft ce qui nous doit tenir continuellement humiliés en fa préfence, & nous faire *opérer notre falut avec crainte & tremblement, parce que c'eft lui qui opére le vouloir & le faire felon fon bon plaifir.* Philipp. II. 12. 13.

Il n'eft pas facile de déviner quel eft ici le but du Critique. S'il eft Chrétien ; pourquoi cette mauvaife humeur contre les Théologiens, qui montrent que tous ces prétendus beaux Efprits qui attaquent le Chriftianifme font de très-petits Philofophes & de miférables Plagiaires d'un Celfe, d'un Porphire, d'un Julien, &c. ? S'il n'eft pas Chrétien, eft-ce la faute des Théologiens, s'il se trouve compris dans la classe de ces petits Philosophes & de ces Plagiaires?

L'Auteur de ces *Objections* finit ainsi : « Voilà, » M.... ce que m'a dicté une Raison qui n'est » pas sans doute éclairée surnaturellement. Si » j'ai bronché en quelque chose, ma volonté » n'y a aucune part ; la vérité & la candeur » ont été mon guide. La Raison est sans doute » un flambeau, qui ne nous empêche point de » nous égarer ; mais quand on n'a que celui-là, » il faut bien se résoudre à ne voir & à ne » se laisser conduire que par lui. »

A cette belle phrase commune à nos Anti-Chrétiens, voici la Réponse.

Il est, en effet, aisé de conclure de vos raisonnements que vous n'avez que le flambeau de la Raison : mais pouvez-vous en conclure que vous deviez vous croire en sûreté en vous bornant à la sombre lumiere de ce flambeau? Posez d'abord pour principe que Dieu étant la vérité même ne peut approuver l'erreur: or, quelle assurance vous est-il possible d'avoir qu'en préférant le flambeau de la Raison à celui de la Foi, vous soyez à l'abri de l'erreur en matiere de Religion? Quelle assurance même vous est-il possible d'avoir que vous ayez fait un assez bon usage de votre Raison, pour être pleinement persuadé, que si vous êtes dans l'erreur, vous y êtes de bonne foi? Non, à moins que d'être livré à toutes les horreurs du Pyrrhonisme, il n'est pas possible à un bon Esprit remué par le seul intérêt de la vérité de ne pas sentir l'authenticité des monuments les plus capables de fonder une certitude entiere de la Révélation; de ne pas entendre la voix éloquente de tous les siecles qui dépose en sa faveur, en un mot de ne pas voir les faits qui la démontrent. Or, quel homme dans une telle position, c'est-à-dire, plein d'amour de la vérité & convaincu de la réalité de nos preuves, peut ne pas prier le Pere des lumieres, & ne pas attendre avec la plus entiere confiance le grand don de la Foi.

LETTRE de l'Auteur de ces dernieres Difficultés, en remerciment à la Personne qui lui avoit envoyé la Réponse de M. François.

A T..... ce 2 Juillet 1768.

M.

Dès que j'ai sçu que vous aviez communiqué mes Difficultés à Monsieur le François si connu par les bons Ouvrages qu'il a donnés au Public pour la défense de la Religion, je n'ai pas douté un instant qu'un Ecrivain aussi exercé qu'il l'est dans ces matieres, ne détruisît facilement mes foibles Objections. Je ne suis point Théologien, & ne connois point toutes les ressources de la Science de Dieu: il n'est donc pas étonnant que je me sois laissé surprendre par les apparences d'une fausse lumiere. Lorsque dépourvu d'une pénétration assez étendue, on n'envisage les objets que d'un seul côté, sans considérer celui qui lui est opposé, & sans les combiner enfemble, fi l'on précipite alors fon Jugement, on court grand rifque de prendre l'erreur pour la vérité; & c'eft ce que Monfieur François m'a très-bien fait voir en dévélopant avec toute la fagacité dont il eft capable, mes idées peu refléchies, en diftinguant ce qui devoit être diftingué, & en féparant ce qui devoit être feparé; opération qui ne m'étoit pas venue dans l'efprit. On ne peut être plus fenfible que je le fuis au foin qu'il a bien voulu prendre de m'éclairer; fes explications font nettes & précifes, & ont toute l'étendue & la force que je pouvois défirer. Je voudrois bien être à portée de lui en faire mes finceres remerciments. Si vous pouvez les lui faire parvenir (& vous y êtes en quelque façon engagé, puifque c'eft en votre confidération qu'il a ufé de cette complaifance à mon égard), ce fera un fecond fervice que vous m'aurez rendu, après celui de lui avoir fait part de mes incertitudes. Je vous fupplie d'être perfuadé que je vous en ferai obligé le refte de ma vie.

Je fuis avec le plus refpectueux attachement,

M.

Votre très-humble, &c.

CONCLUSION

GÉNÉRALE

DE TOUT CET OUVRAGE.

LA Religion Chrétienne profcrit l'orgueil &
la volupté; elle les ménace des plus effroya-
bles châtiments dans une autre vie. Ces paffions ont eu de zélés Défenfeurs dans tous
les temps : mais notre fiecle étoit réfervé à
leur fufciter des Écrivains, qui leur fuffent
dévoués, pour confacrer leurs talents, non-
feulement à leur défenfe, mais à la profcrip-
tion de la Religion même qui ofe les condamner. Double vue manifefte dans cette foule
de brochures dont le Royaume eft aujourd'hui
inondé. D'un côté, on y préconife l'orgueil &
la volupté avec ce ton de confiance qui leur
eft fi bien afforti : de l'autre, la Religion y
eft injuriée, calomniée, blafphêmée, mife en
piéce fans pudeur.

Cependant il n'eft pas aifé de fuppofer ces
Défenfeurs fi ardents de l'orgueil & de la
volupté, perfuadés eux-mêmes de leur innocence. La Raifon eft amie naturellement de
l'Humanité; mais que deviendroit l'Humanité
fous l'Empire univerfel de l'orgueil & de la
volupté? La vertu difparoîtroit de deffus la
terre; on n'y verroit que tyrannies, parricides,

perfidies , adultéres , affaffinats , en un mot in-
juftices & forfaits de tout genre. Peut-on donc
fuppofer la Raifon affez éteinte dans ces Écrivains , pour les fuppofer perfuadés de l'innocence de ces vices ? Ne faudroit-il pas fuppofer
la Raifon plus éteinte encore en eux , pour
les fuppofer perfuadés de la fauffeté de la Religion Chrétienne , contre laquelle ils s'élevent
avec tant d'audace & d'acharnement ?

Ils ont , fans doute , parcouru nos Livres
faints. Quelle impreffion d'admiration n'ont
pas dû faire fur leur ame les idées qui s'y
offrent à chaque page de l'Être fuprême , de
l'origine des chofes , de la nature de l'homme ,
de fon bonheur durant fon innocence , de fes
miferes après fa chûte , du remede préparé
à fes miferes ! Quelle impreffion de refpect
n'a pas dû faire encore fur leur ame , l'antiquité de ces idées fublimes & confolantes
perpétuées d'âge en âge depuis le premier
homme jufqu'à Moïfe , & depuis Moïfe jufqu'à Jéfus-Chrift Créateur , le Confommateur ,
le Propagateur de la vérité ! De quelle impreffion encore de vénération n'ont-ils pas dû
être frappés à la vue de l'accord admirable
des Livres de l'ancien Teftament avec ceux
du nouveau , & des rapports néceffaires des
premiers aux derniers ! Ont-ils pu ne pas voir
dans les premiers une multitude de promeffes ,
de figures , de Prophéties exécutées , réalifées , accomplies avec la derniere précifion
dans les derniers ? Ont-ils pu voir fans reconnoître la main du Tout-Puiffant cette fuite

de

de prodiges fi fupérieurs à la nature opérés durant quatre mille ans pour difpofer la terre à l'avénement de Jéfus-Chrift fon Libérateur! Ont-ils pu ne pas reconnoître dans ce Libérateur l'Auteur de l'Univers, en voyant le nombre, la nature, les effets de fes miracles; en entendant fes leçons divines fur fon Pere, fur la deftination de l'homme & fur fes devoirs; de même qu'en entendant fes promeffes au fujet de l'établiffement, de l'étendue, de la durée de fon Eglife, & fes prédictions fi claires des châtiments qui devoient fondre fur la Nation Juive à caufe de fon aveuglement & de fon ingratitude, de la défolation de fon Temple & de fes Villes, de fa difperfion parmi les Nations, de fa confervation jufqu'au moment arrêté par fa Sageffe de fon rappel à la lumiere?

Quelle ame peut donc être encore fenfible à la Raifon, & attaquer fans remords la Religion Chrétienne? Il eft donc hors de vraifemblance que la plûpart de ceux qui écrivent contre elle, s'y déterminent par l'amour de la vérité. On en voit en effet parmi ces Écrivains, qui ménacés de paroître bientôt devant le Tribunal du fouverain Juge, avouent humblement qu'ils fe fentoient démentis par leur confcience; que ce n'étoit qu'en étouffant fes cris qu'ils fe foutenoient dans leur travail; que leur plume n'étoit remuée que par l'orgueil & par la volupté; qu'elle leur feroit tombée des mains malgré la vivacité de ces paffions qui les infpiroient, s'ils n'avoient été continuellement harcélés par les Éloges flateurs

des plus accrédités dans la Secte nouvelle. On
en voit d'autres qui renonçant à cette mal-
heureuse Secte, font les mêmes aveux &
condamnent au feu leurs Écrits sacrileges.
On en voit qui revenus des erreurs qu'ils
avoient puisées dans la même Secte, confef-
fent qu'ils ne les avoient embraffées que pour
venir plus facilement à bout de féduire des
perfonnes de l'autre fexe, bien affurés de
triompher de leur vertu, dès qu'ils feroient
parvenus à leur faire goûter leurs principes.
Tels font ces grands Maîtres, perfuadés eux-
mêmes de la vérité qu'ils outragent, dont on
voit aujourd'hui des perfonnes de tout fexe &
de toute condition écouter les leçons avec
avidité, tapiffer leur cerveau de leurs plaifanteries indécentes contre nos Dogmes les
plus facrés & contre nos Préceptes les plus
faints, en faire la matiere de leurs entretiens
dans ce qu'ils appellent repas d'efprit, en préfence de leurs valets qu'ils infectent ainfi de leur
poifon mortel ; lefquels à leur tour en infectent leurs camarades, leurs femmes, leurs
enfants : ainfi fe propage ce funefte poifon
de l'Incrédulité. Il eft vrai qu'on ne peut fuppofer ainfi en contradiction avec leur confcience tous les Écrivains de la Secte nouvelle.
Il en eft, dit-on, parmi eux de fi amoureux
d'eux-mêmes, de fi infatués de leur propre
excellence, qu'ils ne peuvent entendre parler
d'un Être fupérieur fans entrer en convulfion.
On nous menace même que ces génies fuperbes & voluptueux, épuifés de chicanes & de

bouffonneries contre la Religion, dégoûtés eux-mêmes de leurs faftidieufes redites fur ce fujet, vont enfin éclater contre Dieu même en faveur de la Matiere comme de l'unique fubftance réelle qui foit poffible. La profeffion de l'Athéifme fera donc déformais néceffaire pour mériter d'être aggrégé à la Secte des nouveaux Philofophes. C'eft à quoi doivent fe réfoudre nos petits Maîtres & nos petites Maitreffes, qui jufqu'ici fe font glorifiés d'être leurs Difciples. Car s'il eft des vérités qui foient liées indiffolublement, & qui fe démontrent mutuellement, c'eft l'exiftence de Dieu & la Religion Chrétienne. Un Être fouverainement parfait tel que Dieu, doit être honoré, & ne fauroit être honoré que par une Religion parfaite ; & une Religion parfaite, telle que la Religion Chrétienne, ne doit & ne peut avoir pour principe, pour objet, & pour fin qu'un Être fouverainement parfait.

F I N.

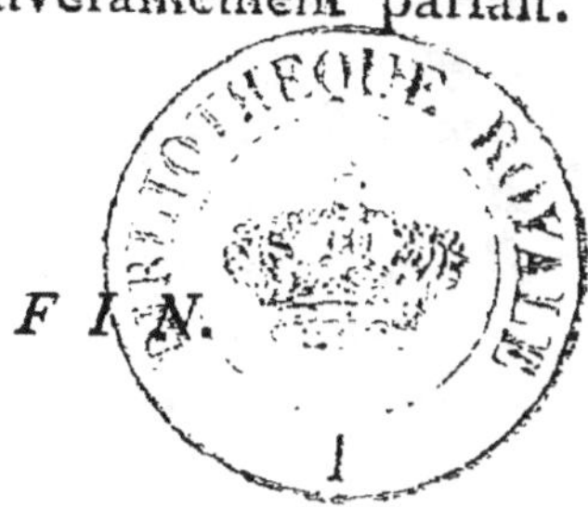

TABLE
DES ARTICLES
DU DICTIONNAIRE PHILOSOPHIQUE

Sur lesquels on a fait des OBSERVATIONS.

Fin de la Table.

Fautes à corriger dans ce second Volume.

PAGE 180, ligne 5, infinie, mettez finie.